TRILHAS SONORAS DA MENTE

Jon Acuff

TRILHAS SONORAS DA MENTE

A SURPREENDENTE SOLUÇÃO PARA QUEM ESTÁ CANSADO DE PENSAR DEMAIS

SEXTANTE

Título original: *Soundtracks: The Surprising Solution to Overthinking*

Copyright © 2021 por Jon Acuff
Copyright da tradução © 2023 por GMT Editores Ltda.

Publicado originalmente por Baker Books, um selo do Baker Publishing Group, Grand Rapids, Michigan, 49516, EUA.

Todos os direitos reservados. Nenhuma parte deste livro pode ser utilizada ou reproduzida sob quaisquer meios existentes sem autorização por escrito dos editores.

tradução: Carolina Simmer
preparo de originais: Beatriz Ramalho
revisão: Priscila Cerqueira e Rachel Rimas
diagramação: Ana Paula Daudt Brandão
capa e imagem de capa: Filipa Pinto
impressão e acabamento: Bartira Gráfica

CIP-BRASIL. CATALOGAÇÃO NA PUBLICAÇÃO
SINDICATO NACIONAL DOS EDITORES DE LIVROS, RJ

A171t

Acuff, Jon
 Trilhas sonoras da mente / Jon Acuff ; tradução Carolina Simmer. - 1. ed. - Rio de Janeiro : Sextante, 2023.
 208 p. ; 21 cm.

 Tradução de: Soundtracks
 ISBN 978-65-5564-573-6

 1. Pensamento. 2. Escolha (Psicologia). 3. Atitude (Psicologia). I. Simmer, Carolina. II. Título.

22-81611

CDD: 158.1
CDU: 159.947.2

Meri Gleice Rodrigues de Souza - Bibliotecária - CRB-7/6439

Todos os direitos reservados, no Brasil, por
GMT Editores Ltda.
Rua Voluntários da Pátria, 45 – Gr. 1.404 – Botafogo
22270-000 – Rio de Janeiro – RJ
Tel.: (21) 2538-4100 – Fax: (21) 2286-9244
E-mail: atendimento@sextante.com.br
www.sextante.com.br

"Jon, acho que você está pensando demais."
– Jenny Acuff

Sumário

Introdução — 9

1. Acho que consigo fazer isso — 11
2. A escolha é sua — 31
3. Ajuste o volume — 54
4. Copie os melhores — 75
5. Vença a semana — 91
6. Não brigue, vire o disco — 106
7. O caminho de Zig para o pensamento positivo — 122
8. Coloque o Novo Hino para tocar — 137
9. Reúna provas — 156
10. Use símbolos para fixar trilhas sonoras — 174

Conclusão — 197
Agradecimentos — 203
Notas — 205

Introdução

Passei 13 anos esperando para compartilhar este segredo.

Peço desculpas pela demora, mas parecia bom demais para ser verdade.

Fiquei esperando algum problema aparecer. O segredo parecia tão simples e tão óbvio que, a princípio, achei que eu tivesse me enganado.

Talvez fosse uma coincidência. Talvez só tivesse dado certo para mim porque eu era diferente. Talvez tudo tivesse acontecido por acaso, e, se eu contasse o segredo para alguém, ele não funcionaria quando o pusessem em prática. Talvez, se eu o compartilhasse, as pessoas achassem que sou esquisito. Os tênis verde-fluorescentes com certeza são excêntricos. A moeda é um lance peculiar. Isso sem falar nos post-its... Melhor ficar quieto.

Então fiquei.

Este segredo fez com que eu me mudasse para Nashville.

Ele me ajudou a chegar à lista dos livros mais vendidos do *The New York Times*.

Graças a ele, conheci Portugal, Grécia e muitas partes do Canadá que não vou nem mencionar para não chocar o leitor.

Por 13 anos, guardei este segredo só para mim, usando-o para transformar minha carreira, meus relacionamentos, minha saúde e todas as outras áreas da minha vida.

Mas, com o tempo, fiquei curioso. Será que ele só funcionaria comigo? Comecei um estudo com o pesquisador Mike Peasley, Ph.D., e perguntamos a 10 mil pessoas se elas tinham dificuldades com o problema que eu havia solucionado. Mais de 99,5% dos participantes responderam que sim.

Tudo bem, tudo bem, então não sou o único.

Eu ainda não estava pronto para compartilhar o segredo completo, então testei uma amostra dele com milhares de pessoas pelo mundo. Mike Peasley, Ph.D., analisou os dados, e nós dois ficamos estarrecidos com o que vimos. Estou falando de algo surpreendente de verdade, não de um artigo do Buzzfeed do tipo "Você ficará chocado com os pés desta celebridade".

Também vou sempre usar o nome de Mike Peasley, Ph.D., completo, incluindo seu título de doutorado, porque certos trechos podem fazer você pensar: "A leitura está tão leve e agradável que nada disso deve ter comprovação científica." Mas tem. É só perguntar a Mike Peasley, Ph.D. Ele estava lá.

Após 13 anos, finalmente estou pronto. Chegue mais perto para eu contar qual é o segredo:

Descobri como transformar o hábito de pensar demais em um superpoder, em vez de um superproblema.

1. Acho que consigo fazer isso

Quando nossos pensamentos atrapalham nossos objetivos, significa que estamos pensando demais.

Esse hábito é um dos mais prejudiciais do mundo, porque desperdiça tempo, criatividade e produtividade. É uma epidemia de inércia, um tsunami de estagnação e algo que, 13 anos atrás, me dominava.

Eu era o rei do "um dia farei isso", cheio de ideias, mas nunca tomava a iniciativa para colocar em prática a lista interminável de coisas que eu faria no futuro.

"Pare de pensar tanto", imploravam colegas de trabalho.

"Isso é coisa da sua cabeça", dizia minha esposa.

"Tome uma atitude!", gritavam crianças enquanto eu cambaleava pelas ruas feito um monstro cabeçudo.

Eu queria me perguntar 1.345 vezes se haveria uma vaga decente para estacionar o carro perto do novo restaurante aonde iríamos? Eu queria passar uma tarde inteira ocupando meu cérebro com reflexões sobre uma besteira que tinha falado para um amigo três meses atrás no supermercado? Eu queria enrolar por mais um mês antes de pedir um aumento e remoer todas as possíveis formas de aquilo dar errado?

É claro que não, mas que outra opção havia? Pensamentos são algo que temos, não algo que aperfeiçoamos. É impossível controlá-los, certo? É por isso que, sempre que falamos sobre pensamentos, os descrevemos como algo externo, que segue as próprias vontades:

"Estou perdido em pensamentos."

"Meus pensamentos estão embaralhados."

"Ela está com o pensamento longe."

Quando nossos pensamentos atrapalham nossos objetivos, significa que estamos pensando demais.

Mesmo que sejamos muito determinados em outros aspectos, encaramos nossa vida pensante como algo que está fora do nosso controle. Por exemplo, um truque simples para garantir que iremos à academia de manhã cedo é separar na noite anterior as roupas que usaremos. Escolhê-las com antecedência nos ajuda a alcançar o resultado desejado.

Você já ouviu alguém falar algo parecido sobre pensamentos? "Escolha os cinco pensamentos que você deseja manter na sua cabeça durante a reunião de amanhã." Ou então: "Fiquei sabendo de uma fofoca sobre a nova gerente, mas não quero que isso influencie nossa relação, então vou deixar meus três pensamentos críticos em casa para conseguir conhecê-la sem uma opinião preconcebida."

Ninguém nunca me falou nada parecido com isso. Se não controlamos nossos pensamentos, então talvez sejam nossos pensamentos que nos controlam. Não é coincidência eu ter passado décadas remoendo cada mínima decisão sem jamais me comprometer de verdade com aquilo que eu realmente desejava conquistar.

Em uma tarde, recebi um e-mail de um coordenador de marketing de Oklahoma. Ele era leitor do meu blog e fez uma proposta que me pegou desprevenido:

– Você daria uma palestra na nossa conferência?

A resposta deveria ter sido "não". Eu nunca tinha sido pago para dar uma palestra. Eu nunca tinha escrito um discurso com as minhas ideias principais. Eu nunca tinha trabalhado com um planejador de eventos. Eu nunca tinha ido a Oklahoma, embora pudesse imaginar um estado bem árido.

Na época, fazia 10 anos que eu vinha implementando algumas pequenas mudanças na minha carreira como redator corporativo que nunca falava em público.

Se você buscasse qualquer sinal de que eu era um palestrante, não encontraria nada.

A única coisa que eu tinha era um novo pensamento: *Acho que consigo fazer isso.*

Escolhi um pensamento tímido, que levou a um "sim" tímido, que levou a uma vida completamente diferente.

Muito antes de uma palestra simples, muito antes de eu escrever um livro que é usado para incentivar os membros da Associação de Jogadores da NFL, muito antes de eu abrir o show de Dolly Parton no Ryman, mudei a maneira de pensar sobre as minhas capacidades, e isso transformou tudo.

Naquele dia, dei o primeiro passo rumo ao aprendizado de algo fantástico: somos capazes de controlar nossos pensamentos.

Podemos transformar o excesso de pensamentos em atitudes. Podemos usar o tempo, a criatividade e a produtividade que recuperarmos para criar a vida que desejamos.

E isso começa com a reorganização dos pensamentos de acordo com aquilo que eles realmente são: uma trilha sonora da vida.

As trilhas sonoras que secretamente moldam a vida

Quando escuto "Sweet Child O' Mine", do Guns N' Roses, consigo sentir o cheiro das páginas da revista *Trasher*. Consigo me visualizar sentado no chão da casa número 2 da Edgewood Drive, em Hudson, Massachusetts, recortando fotos de skatistas para o meu quadro de cortiça. Naquela época, era assim que você sabia que realmente gostava de skate: quando fazia colagens de skatistas californianos na sua casa no subúrbio.

Quando escuto "It Takes Two", de Rob Base e DJ EZ Rock, sou instantaneamente transportado para o porão de Dave Bruce. Nós decoramos a letra o mais rápido possível, berrando-a um para o outro, sonhando em sermos ricos o suficiente para termos calças da Z. Cavaricci. Não sou internacionalmente conhecido, mas tenho talento com um microfone.

Quando escuto "Mr. Jones", do Counting Crows, me visualizo no estacionamento do Shopping Framingham, tentando convencer minha namorada a prestar atenção na letra. Estou na minivan azul da minha mãe com painéis falsos de madeira e não me conformo por Heather não se emocionar com Adam Duritz tanto quanto eu. Não era fácil rebobinar fitas. Era uma arte muito imprecisa, e quanto mais ela falava por cima da música, mais difícil era fazê-la ouvir a parte que eu queria.

Essas músicas foram cantadas por bandas que provavelmente jamais dividirão um palco. Não imagino o Counting Crows colaborando com o Guns N' Roses, mas as duas têm algo em comum: me fisgaram naquele momento mágico em que trilhas sonoras são formadas.

O *The New York Times* fez um estudo para descobrir quando uma música tem mais chances de ser acrescentada à trilha sonora da vida de uma pessoa, formando aquela lista de músicas que sempre vão mexer com a gente. Ele foi publicado em uma matéria com o título "The Songs That Bind", as músicas que conectam, e é uma boa descrição para aquilo que uma trilha sonora faz. Usando dados do Spotify, o economista Seth Stephens-Davidowitz concluiu que "a época mais importante para os homens na formação de suas preferências adultas é entre os 13 e os 16 anos". Com mulheres isso acontece um pouco mais cedo, entre os 11 e os 14.[1]

É bem provável que você tenha se lembrado de uma música e de uma memória específicas só de ler os meus três exemplos.

A playlist que você cria inconscientemente ao longo da vida é um assunto interessante para conversas durante o jantar, mas a música é só uma pequena parte de uma história muito maior. Escutamos a trilha sonora interior formada pelos nossos pensamentos com mais frequência do que nossas canções favoritas.

Com o passar dos anos, criamos uma trilha sonora sobre nossa carreira, uma específica para cada um dos nossos relacionamentos, uma que guia nossos sonhos, esperanças, objetivos e todos os outros aspectos da vida.

Quando ouvimos um pensamento por tempo demais, ele se torna parte da nossa playlist pessoal.

Trilhas sonoras compostas por músicas têm a capacidade de transformar completamente um momento. Restaurantes sabem disso. Filmes sabem disso. Academias de ginástica sabem disso.

Sem querer ofender o Slash, mas trilhas sonoras compostas por pensamentos são ainda mais poderosas e mais dominantes do que uma música tocando ao fundo. Como diz David Goggins, aposentado da Marinha dos Estados Unidos: "As conversas mais importantes da sua vida são as que você tem consigo mesmo. Você acorda com elas, caminha com elas, dorme com elas e, com o tempo, aprende a se comportar de acordo com elas. Não importa se são boas ou ruins."[2]

Se as trilhas sonoras que escuta são positivas, seus pensamentos

Quando **ouvimos** um pensamento por **tempo demais,** ele se torna parte da nossa **playlist pessoal.**

JON ACUFF #soundtracks

podem ser seus melhores amigos, incentivando você a seguir em novas aventuras com criatividade e esperança. Caso você passe seus dias pensando demais em trilhas sonoras negativas, seus pensamentos podem se tornar seu pior inimigo, impedindo que concretize tudo que deseja na vida.

Décadas antes do bluetooth e das rádios por satélite, meu colega de quarto da faculdade, Stu, tinha um carro com um rádio quebrado que só sintonizava em uma estação: a Disney Radio. Se você tiver filhos, isso não é um problema, porque a Peppa Pig é a solução para tudo, mas é meio esquisito ficar andando por um campus universitário ouvindo Hannah Montana nas alturas.

Meu colega de quarto não tinha controle sobre essa trilha sonora, e, na maior parte do tempo, é assim que encaramos nossos pensamentos. Achamos que não podemos mudá-los, então deixamos nossas músicas seguirem o próprio ritmo.

Infelizmente, quando não criamos, organizamos e escolhemos a trilha sonora que desejamos ouvir, a música não para. Simplesmente escutamos um monte de canções desagradáveis.

O cérebro pode ser um grande idiota

Vamos começar com um consenso geral: nós temos um cérebro. Ele é capaz de coisas fantásticas, como lógica, razão e "All I Want for Christmas Is You", da Mariah Carey. Essa música rendeu a ela cerca de 60 milhões de dólares em royalties.[3] Não ouse dizer que ela não é fantástica.

O cérebro também é capaz de pensar demais. Ele pode criar pensamentos persistentes, repetitivos. Quando o cérebro começa a remoer um conceito ou uma ideia por mais tempo do que o esperado, significa que estamos pensando demais. Infelizmente, esse é um hábito que não costuma ser positivo. Se não for controlado, é natural que foque em assuntos que preferiríamos ignorar. Darei alguns exemplos.

Você já teve que se esforçar para se lembrar de uma bobagem que disse há muito tempo? Já sentiu necessidade de analisar um mico que pagou na escola, apesar de você já ter 30 e poucos anos? Já separou um fim de semana inteiro na sua agenda para ficar pensando na reunião que seu chefe marcou para a manhã de segunda-feira?

"Tenho uma sessão de preocupação marcada para o próximo sábado, às duas da tarde!" Você fez mesmo isso, ou esses pensamentos apenas surgiram do nada, sem qualquer conexão com o momento presente?

Essas são as chamadas *trilhas sonoras negativas*, histórias ruins em que acreditamos sobre nós mesmos e sobre o mundo. Elas tocam automaticamente, sem qualquer convite ou esforço da nossa parte. O medo não exige esforço. A dúvida não exige esforço. A insegurança não exige esforço.

Sou especialista em trilhas sonoras negativas, porque perdi sete anos de oportunidades por causa delas.

Comecei meu primeiro blog em 2001. Três anos antes da criação do Facebook, quatro anos antes do Youtube, cinco anos antes do Twitter e dezesseis anos antes do TikTok, eu já compartilhava conteúdos pessoais ridículos na internet. Eu só não fui um pioneiro da tecnologia porque não tinha casacos de moletom suficientes, mas estava bem à frente do meu tempo. Gravadoras entravam em contato, leitores encontravam meus textos de forma orgânica e havia leves sinais de que meu trabalho estava chamando atenção. As coisas iam bem, mas, então, comecei a pensar demais.

"E se alguém descobrir que eu não sei direito o que estou fazendo?"

"Aonde eu quero chegar com isso?"

"De que adianta seguir por esse caminho se eu não tenho um plano perfeito para continuar crescendo?"

Essas três trilhas sonoras e milhares de outras me tiraram da internet por sete anos seguidos. Só voltei a ter outro blog em 2008. Quem sabe onde eu estaria se tivesse passado esse tempo me dedicando a aumentar meu público e melhorar meu conteúdo?

A parte mais frustrante da situação é que todas essas trilhas sonoras negativas invadiram a minha vida sem qualquer convite.

Paul Rozin, professor de psicologia da Universidade de Chicago, estudou esse fenômeno quando percebeu que a língua inglesa não tem uma palavra que signifique o oposto de trauma. Roy F. Baumeister, colaborador de Rozin, explicou o motivo em seu livro *The Power of Bad: How the Negativity Effect Rules Us and How We Can Rule It* (O poder das coisas ruins: como a negatividade nos controla e como podemos controlá-la): "O oposto de trauma não existe porque nenhum evento positivo causa um impacto tão duradouro. Você pode se lembrar conscientemente de momentos felizes do passado, mas os que invadem a sua cabeça de repente – as memórias involuntárias, segundo os psicólogos – tendem a ser tristes."[4]

O cérebro aumenta o hábito de pensar demais em coisas negativas ao se comportar destas três formas:

1. Mentir sobre nossas memórias
2. Confundir traumas falsos com traumas reais
3. Acreditar naquilo em que ele já acredita

Nós costumamos achar que a memória é como uma câmera GoPro, capturando os acontecimentos em tempo real para analisá-los depois. Coisas simples, complexas, felizes, dolorosas – tudo fica contido em um longo filme sobre a nossa vida, que podemos acessar depois. Quem dera.

No podcast *Revisionist History*, Malcolm Gladwell, famoso por suas reflexões embasadas, se debruça sobre o tema da memória. Em um episódio, ele surpreende e tenta justificar o comportamento do jornalista Brian Williams.

Williams estava no auge como apresentador do noticiário noturno *NBC Nightly News* quando sua carreira desmoronou por conta de uma mentira absurda. No dia 23 de março de 2013, ele afirmou para David Letterman que estivera em um helicóptero Chinook fuzilado por tropas inimigas no Iraque, 10 anos antes. Parece o tipo de coisa que ninguém esqueceria. Por exemplo, neste momento, eu sei que nunca estive em um helicóptero que foi atacado por uma granada. E se isso também nunca aconteceu com você, é bem provável que você tenha consciência disso. Mas Williams achava que tinha estado. Como ele se enganaria tanto sobre algo tão marcante?

Memórias ilusórias nos cegam para a verdade

Em seu podcast, Gladwell conversou com especialistas de memória que expressaram empatia por Williams. Eles falaram sobre uma série de pesquisas que analisaram as chamadas "memórias ilusórias", experiências dramáticas que criam uma recordação vívida na mente.

Algumas memórias ilusórias podem ser compartilhadas até por um país inteiro. William Hirst e uma equipe de pesquisadores realizaram um estudo de 10 anos sobre as lembranças que as pessoas têm sobre os atentados terroristas do 11 de Setembro. Se eu perguntar onde você estava quando as torres caíram, é bem provável que você consiga lembrar. Desempregado, eu estava em casa, em Arlington, Massachusetts, ouvindo rádio.

O problema é que, conforme foi estudando as memórias dos

participantes ao longo dos anos, Hirst fez uma descoberta surpreendente: elas mudavam. Com o passar do tempo, os detalhes das lembranças se transformaram. E não foi pouco. Hirst encontrou, em média, "uma deterioração de 60% na consistência das memórias. O que significa que 60% das respostas mudaram com o tempo".[5]

A parte mais louca é que, enquanto a precisão das nossas lembranças diminui, nossa convicção sobre elas permanece a mesma. Em 1986, no dia seguinte ao da explosão do ônibus espacial *Challenger*, Nicole Harsch e Ulric Neisser perguntaram a estudantes de psicologia como eles ficaram sabendo da triste notícia. Os estudantes anotaram as respostas. Quase três anos depois, a mesma pergunta foi feita aos mesmos estudantes. Mais de 40% deles deram uma resposta diferente, porque suas memórias haviam mudado.

Os pesquisadores contaram aos participantes que eles tinham relatado duas memórias diferentes, mostrando as respostas que eles mesmos haviam escrito no passado. Os participantes confusos reconheceram a própria caligrafia, mas, mesmo assim, não admitiam que suas memórias estavam erradas. Eles diziam: "Reconheço que essa letra é minha. Reconheço que devo ter escrito isso. Não sei por que menti, porque tenho lembranças vívidas de estar no meu quarto, apesar de esse papel dizer que eu estava no refeitório".[6]

Um dos motivos por trás das memórias ilusórias é "em que medida a lembrança do evento é acessada, isto é, com que frequência as pessoas pensam nele".[7]

A gente adora pensar demais nesse tipo de coisa.

Você consegue pensar em algo que fique remoendo mais do que as trilhas sonoras negativas na sua cabeça? Pensar demais é isso. É encontrar uma trilha sonora negativa e repeti-la sem parar. Já ouvi "Sweet Child O' Mine" mil vezes. Já ouvi "Aquele amigo não respondeu à minha mensagem porque deve estar chateado comigo" 100 mil vezes.

As memórias não precisam ser tão trágicas quanto as do 11 de Setembro ou da explosão do *Challenger*. Você já foi demitido? Já levou um pé na bunda? Um colega de trabalho já gritou com você no meio de uma reunião? Já perdeu um voo porque acordou atrasado? Talvez esses eventos não pareçam tão grandiosos quanto tragédias de grandes proporções, mas é aí que o cérebro acessa o segundo motivo para ser meio idiota: é difícil diferenciar traumas reais de traumas falsos.

Pesquisadores da Faculdade de Medicina da Universidade de Michigan descobriram que, quando passamos por um episódio de rejeição social, o cérebro libera o mesmo tipo de opioide que libera durante um trauma físico. Mesmo quando os participantes sabiam que a rejeição social era falsa e fazia parte do estudo, o resultado era o mesmo. O cérebro aperta o botão do pânico e despeja opioides pelo corpo para nos ajudar a sobreviver à aparente dor emocional.[8]

Diante de uma rejeição falsa, o corpo libera substâncias químicas de verdade.

Quando nossos filhos compartilham alguma preocupação com a gente, é muito tentador dizer a eles que aquilo é bobagem. No fim das contas, perder o seu lugar favorito na mesa do refeitório quando você está no segundo ano do ensino médio é insignificante. Porém, há muita coisa por trás de um mero desentendimento na hora do recreio. Aquela filha de 16 anos está cheia de opioides reais, que indicam um perigo real. É uma questão bem grave.

Então nossa memória mente, e o cérebro tem dificuldade em diferenciar traumas reais de falsos. Esses dois desafios já são bem desanimadores. Agora vem o terceiro membro do trio da overdose de pensamento: o viés de confirmação.

O cérebro gosta de acreditar nas coisas em que ele já acredita.

Nós atraímos informações e experiências que confirmam as coisas que já pensamos sobre nós mesmos e o mundo. Se uma das suas trilhas sonoras diz que você é a mãe mais desorganizada do mundo, então um atraso de três minutos para buscar seus filhos na escola apenas confirmará isso. Mesmo que você tenha levado as crianças para a aula na hora certa, trabalhado em horário integral, planejado o jantar e organizado a carona do fim de semana para um campeonato de futebol, seu cérebro ainda convencerá você a ignorar quaisquer novas evidências que não concordem com a sua trilha sonora negativa.

O poder é seu

Agora que sabe que o cérebro pode ser um grande idiota, você quer mesmo deixar que seus pensamentos dominem você? Onde estariam as pessoas bem-sucedidas se elas não tivessem decidido escolher quais trilhas sonoras desejam escutar? Pense em todas as oportunidades e aventuras que você perderá se permitir que as trilhas sonoras negativas controlem as suas decisões.

Trilhas sonoras negativas são uma das formas mais persuasivas de medo, porque quanto mais as escutamos, mais fácil se torna acreditarmos nelas. Você já pensou que uma das suas ideias era tão boba que não merecia nem ser anotada? Isso é uma trilha sonora negativa. Já contou a si mesmo a mesma história que repete quando alguém não responde a sua mensagem? Isso é uma trilha sonora negativa. Já teve a impressão de que carrega um júri popular no bolso, julgando todas as novas oportunidades que aparecem até decidir não ir atrás delas? Isso é uma trilha sonora negativa.

A boa notícia é que somos maiores do que o cérebro. Ele não passa de uma parte do corpo que está sob o nosso controle tanto quanto um braço ou uma perna. Sabemos disso porque eu e você temos a sorte de viver na era da neuroplasticidade. A geração dos nossos pais não sabia que podia mudar o formato e o funcionamento do cérebro. A geração dos nossos avós achava que cigarros faziam bem aos ciclistas do Tour de France. Eles acreditavam que a nicotina ajudava a abrir os vasos capilares dos pulmões. Talvez a geração das minhas filhas descubra uma forma de fazer queijo vegano sem gosto de areia. Toda geração aprende algo novo.

A neuroplasticidade, que é o poder de mudar fisicamente o nosso cérebro por meio da mudança de pensamentos, indica que a solução para pensar demais não é parar de pensar. Por que nos livraríamos de uma ferramenta tão poderosa e eficiente? Não faria mais sentido fazer nosso cérebro escutar trilhas sonoras positivas em vez de negativas? Um avião pode largar uma bomba ou comida. Uma seringa pode fornecer veneno ou remédio. Um cavalo pode fugir ou ganhar uma corrida. O mesmo se aplica aos nossos pensamentos.

Se você é capaz de se preocupar, é capaz de se maravilhar. Se você é capaz de duvidar, é capaz de dominar. Se você é capaz de andar em círculos, é capaz de voar.

O mesmo cérebro que passou anos dizendo que você não conseguiria escrever um livro pode aprender o oposto. "Você é capaz de escrever um livro! Você precisa escrever um livro! Agora é a hora!" Eu sei bem disso. Publiquei um total de zero livro durantes os primeiros 33 anos da minha vida. Nos 11 anos seguintes, publiquei 7. Como? Comecei a escutar uma nova trilha sonora.

Se você é capaz de se preocupar, é capaz de se maravilhar. Se você é capaz de duvidar, é capaz de dominar. Se você é capaz de andar em círculos, é capaz de voar.

Em 2008, quando decidi acreditar que poderia me tornar um palestrante profissional, não me dei apenas um empurrãozinho incentivador. Comecei a mudar minhas trilhas sonoras para alterar o formato do meu cérebro. Não fiz isso em um só dia, mas todos os dias, e a neurogênese facilitou muito esse processo. Com a neurogênese, "sempre que você acordar pela manhã, novos neurônios terão nascido durante o seu sono e estarão à sua disposição para serem usados na destruição de pensamentos tóxicos e na construção de pensamentos saudáveis".[9]

Todos os dias, o cérebro espera por você. Espera por orientações sobre como pensar. Espera pelas trilhas sonoras que serão escolhidas.

Espera para ver se você realmente quer construir uma vida diferente.

A mudança de pensamentos que acompanha a mudança de circunstâncias

Uma coisa é escolher uma trilha sonora positiva e usá-la para criar algo bom. Mas e quando já existe uma situação que não é boa? As trilhas sonoras podem nos ajudar a escapar dela? Qual papel as trilhas desempenham quando a vida não segue o rumo que desejamos? Como podemos usar nossos pensamentos para reconstruir algo que deu errado?

Colleen Barry se deparou com esses questionamentos quando perdeu o emprego em Boston, depois que a bolha especulativa da internet explodiu em 2001. Ela precisou aceitar três empregos para conseguir manter o salário anterior como pesquisadora e distribuidora de documentários.

Um dos seus trabalhos era atender telefones na recepção de um pequeno escritório da imobiliária de luxo Sotheby's International

Realty. "Não era o caminho que eu pretendia seguir", disse ela. "Eu queria trabalhar em um mercado criativo, não ganhar um salário mínimo para atender telefones." Naquele momento, pensar demais poderia ter se tornado um problema sério, trazendo trilhas sonoras negativas de vários tipos:

- Superioridade: "Eu não mereço ficar atendendo telefones; estou acima desse trabalho."
- Arrependimento: "Meu trabalho antigo era muito melhor do que os três que preciso ter agora para conseguir me sustentar."
- Medo: "E se a economia passar por outra crise e eu perder esses empregos também?"
- Indignação: "Não foi culpa minha ter perdido o emprego. A vida é muito injusta."
- Desistência: "As coisas nunca vão mudar."

Em vez de ouvir essas trilhas sonoras negativas, Colleen resolveu encarar a situação com novos olhos. "Fiz uma descoberta: aquele trabalho era útil tanto para mim quanto para a empresa. Para crescer, eu precisaria abrir caminho, porque não encontraria uma rota direta se continuasse só atendendo telefones. A empresa não me ajudaria com isso. Se eu quisesse encontrar um rumo e melhorar de vida, precisaria reverter a situação."

Os sonhos de Colleen foram destruídos, mas ela decidiu manter o controle sobre tudo que estava ao seu alcance.

"Em vez de ficar decepcionada pelo retrocesso na carreira, fiz questão de oferecer o melhor atendimento ao cliente possível."

Ela tomou uma decisão. Em vez de ouvir a trilha sonora que dizia: "Tenho um emprego que não vai me levar a lugar nenhum", ela encontrou outra: "Meu trabalho é oferecer o melhor atendimento ao cliente." Milhares de pessoas na mesma situação deixariam que as circunstâncias ditassem suas trilhas sonoras, como indicam todos os trabalhadores emburrados que já vi, mas Colleen seguiu na direção contrária.

Depois que escolhemos a trilha sonora adequada, fica mais fácil tomar as decisões certas.

É sempre assim. Pensamentos impulsionam atos, que, por sua vez, geram resultados. "Arrumei um contato que nos forneceu uma cafeteira e cápsulas. Sempre que um cliente entrava no escritório, eu oferecia um expresso ou um cappuccino", disse Colleen. Os clientes cansados e estressados notaram a diferença. Após um longo dia visitando imóveis caros em uma cidade onde procurar apartamentos é um esporte competitivo, eles poderiam voltar para a imobiliária e ser recebidos no santuário de Colleen.

Pensamentos impulsionam atos, que, por sua vez, geram resultados.

É uma história legal, não é? Colleen atendendo aos telefonemas educadamente e oferecendo café para os clientes que não esperavam um tratamento tão atencioso. Mas esse não é o fim da história.

Colleen se tornou presidente da empresa.

Por favor, tente não cair para trás depois dessa bomba.

É verdade. Colleen mudou sua trilha sonora, e isso a ajudou a mudar seu comportamento, que mudou sua vida, e, hoje, ela é presidente da empresa.

Foi algo que aconteceu do dia para a noite? É claro que não. Demorou 15 anos. Não interessa o quanto o seu café seja delicioso, ninguém passa de recepcionista para presidente em uma semana. Eu levei seis anos para me tornar palestrante em tempo integral, mas acho que o Novo Hino do Capítulo 8 ajudará você a encurtar a sua jornada.

Colleen conseguiu um cargo iniciante na área de marketing. E acabou se tornando gerente do departamento. Depois, investiu na carreira de coaching de negócios, sempre criando trilhas sonoras novas que a impulsionavam para a frente. Por exemplo, ela não enxerga apenas colegas de trabalho quando chega ao escritório na manhã de segunda-feira. "Acredito que todo mundo que trabalha comigo é um sócio que estou ajudando a crescer. Tenho 350 sócios."

Sempre foi fácil? Não. Ela diz que, depois da crise da internet, todo mundo ficou bem deprimido. "Todos nós ganhávamos rios de dinheiro em escritórios chiques, que tinham mesas de pingue-pongue e sinuca. Eu precisava tomar uma decisão: tento viver do seguro-desemprego ou faço o trabalho da melhor maneira possível?"

Colleen gostava de atender telefonemas? Não. "Fiquei frustrada em alguns momentos, pensando 'É sério? Minha vida agora se resume a isso? No ano passado, eu estava em Cannes, apresentando um filme.'" Mas ela não prestou atenção nessa trilha sonora negativa.

"Preciso tomar muito cuidado para não transformar algo que sinto no momento em algo permanente. O cérebro faz isso. Mas a sua vida não se resume a um instante, você só está tendo um dia ruim."

Você passará por alguns momentos assim. Todo mundo passa.

Três meses depois de começar a acreditar que eu poderia ser um palestrante profissional, fui a um evento e planejei um encontro com todos os leitores do meu blog. Eu não falaria no evento, porque ninguém sabia que agora eu era palestrante, mas os organizadores permitiram que eu usasse uma sala vazia da arena.

Imprimi mil adesivos e trouxe um carregamento de Skittles,

porque eu tinha feito uma piada sobre eles que achei engraçada. Fiquei na sala aguardando os leitores, esperando que uma multidão aparecesse. Em 90 minutos, sabe quantas pessoas entraram por aquelas portas? Duas. O primeiro foi meu amigo Mike Foster, que por acaso estava no evento. O segundo foi um pai, que chegou e disse:

– Não leio o seu blog, mas a minha filha lê. Ligue para ela.

Então ele me entregou seu celular, eu tive uma conversa desconfortável de 30 segundos com sua filha, e ele foi embora. Acho que pegou um adesivo.

Se eu tivesse ouvido as minhas trilhas sonoras negativas, aquele dia teria sido um fracasso completo. Só duas pessoas apareceram no meu encontro. Se a mesma coisa tivesse acontecido quando eu tinha 20 e poucos anos, essa vergonha teria se tornado mais um lembrete que eu remoeria sempre que precisasse reunir coragem para fazer algo novo. Eu teria abandonado aquele sonho bobo da mesma forma que abandonei meu primeiro blog, e provavelmente passaria mais sete anos me sentindo empacado.

Mas dessa vez foi diferente. Eu havia aprendido a controlar as minhas trilhas sonoras, não deixei que elas me controlassem. Em vez de desistir, resolvi tocar minha nova trilha no volume máximo: "VOCÊ VAI CONSEGUIR SER PALESTRANTE E ESCRITOR!"

Naquele dia, em vez de ficar desanimado, encarei a verdade: ganhei a oportunidade de compartilhar uma experiência com outras pessoas – o fracasso. Pedi ao meu amigo que tirasse uma foto minha cercado por um mar de cadeiras vazias. À noite, escrevi sobre o ocorrido, e essa postagem se tornou uma das mais populares do blog.

Onze anos depois, subi ao palco diante de 8 mil pessoas e sorri por causa de algo que ninguém mais sabia. Aquela era a mesma arena em que eu tinha organizado meu encontro fracassado. Eu estava a 450 metros do lugar em que tive que recolher 999 adesivos e levá-los de volta para o meu carro.

Só para deixar claro, não bolei um plano perfeito para deixar para trás aquele encontro fracassado e me tornar palestrante no palco principal. A única coisa que eu tinha era a trilha sonora que me dizia que era possível dar a volta por cima.

Três passos para usar o poder de pensar demais

Meu mundo começou a mudar quando decidi escolher as trilhas sonoras que eu queria escutar.

A melhor parte é que o processo é bem mais simples do que parece. Quando comecei a transformar meu excesso de pensamentos, achei que teria que seguir uns 92 passos, 14 técnicas e pelo menos umas 12 siglas. Mas não foi assim.

Para que os seus pensamentos deixem de ser um superproblema e se tornem um superpoder, é preciso tomar três atitudes:

1. Aposente as suas trilhas sonoras negativas.
2. Substitua-as por trilhas novas.
3. Repita-as até se tornarem tão automáticas quanto as antigas.

Aposente. Substitua. Repita.
Só isso.
Não sei qual é o seu sonho. Provavelmente é diferente do meu. Mas sei de uma coisa: pensar demais atrapalha.
Chegou a hora de resolver isso.

2. A escolha é sua

Nunca deixe sua esposa grávida para trás no Duomo de Florença, na Itália, porque você acaba se sentindo sufocado pelas paredes da igreja e a única forma de aliviar a sensação é subir correndo os 463 degraus de mármore e irromper pela porta para o mirante no topo, como Tim Robbins no fim da cena da fuga pelo cano em *Um sonho de liberdade*.

Essa é a frase mais comprida que já escrevi e é um conselho estranhamente específico, mas queria que alguém tivesse me dito isso em 2003. Só comecei a mudar minha forma de pensar cinco anos depois, e meus pensamentos rebeldes ainda mandavam em tudo, até quando eu estava de férias.

Meu problema tinha começado algumas semanas antes de viajarmos, depois de uma conversa com meu pai. Ele me disse:

– Tome cuidado com aquela catedral. A subida até o topo é muito estreita. Mal tem espaço para duas pessoas passarem juntas naquela escada em espiral interminável. Quando você chega à metade do caminho, está bem longe da saída e da entrada. E não há janelas, só umas aberturas minúsculas na parede. O lugar é todo escuro e úmido, fiquei me sentindo claustrofóbico.

Fantástico.

Isso foi música para os ouvidos de uma pessoa que pensava demais. Uma trilha sonora imediatamente ocupou minha cabeça. Passei semanas ouvindo sem parar: "Você vai se sentir sufocado na catedral." Quando chegamos à Itália, eu já estava com os nervos à flor da pele.

Comecei a observar como o espaço era apertado. "Meu pai tinha razão", pensei, "parece que estou subindo por um cigarro vertical construído no século XIV. Será que já subi muito? Sem janelas, não consigo saber a que altura estou. Eu me sinto um hamster italiano que fica dando voltas no mesmo lugar. Será que estou tonto? Se o meu celular tivesse sinal, daria para verificar meus sintomas na internet. Espera, estou sem sinal? Se eu tiver um treco, não vou conseguir falar com ninguém, e vou ter que torcer para os ratos que me encontrarem não serem tão obcecados em fazer *ratatouille* a ponto de não conseguirem entregar um bilhete para a minha esposa pedindo socorro. Por que eu atravessei o planeta para me sentir assim, quando podia simplesmente ter me enfiado em um tapete enrolado sem pagar nada? Estou preso!"

Conforme minha trilha sonora acelerava, o mesmo acontecia com as minhas pernas. Não lembro em que momento resolvi começar a subir correndo, mas lá estava eu, desviando de turistas e abrindo caminho até o topo da torre. Deixei minha esposa grávida de seis meses para trás enquanto eu corria em busca do céu, desesperado para encontrar a porta que levaria ao ar fresco e à salvação.

– O que foi aquilo? – perguntou Jenny 20 minutos depois, quando finalmente chegou ao topo como uma pessoa normal.

Tentei ignorar a pergunta, mas eu estava suado demais para fingir que não tinha acabado de quebrar um recorde mediterrâneo para subida de escadas. Na época, eu não tinha uma resposta para a indagação dela, porque ainda não havia estudado os efeitos de pensar demais. Mas, sabendo do que sei agora, eu devia ter pedido desculpas e contado a história maluca a seguir.

A ciência por trás da substituição de trilhas sonoras

Há quem diga "Palavras não me atingem", mas isso está longe de ser verdade. As palavras são tão poderosas que podem envelhecer uma pessoa mais rápido do que o cara que escolheu o cálice errado em *Indiana Jones e a última cruzada*.

Cientistas investigaram essa hipótese na Universidade de Nova York.[1] Acho que o nome do estudo não era "Palavras envelhecem as pessoas mais rápido do que o cara de *Indiana Jones*?", mas foi isso que descobriram. Os pesquisadores começaram dando a mesma tarefa para dois grupos de estudantes: forme frases com uma seleção aparentemente aleatória de palavras.

Os participantes começaram a criar o máximo de frases possível, mas havia uma diferença no conjunto de palavras que o segundo grupo recebeu. Entre elas, estavam ideias que remetiam a velhice. Entre as opções, havia termos como "careca", "aposentadoria" e "ruga".

No fim do exercício, os cientistas pediram aos participantes que seguissem por um corredor para a segunda parte do estudo, em outra sala. Enquanto eles andavam até lá, o teste de verdade começou. Sem as pessoas saberem, os cientistas cronometraram o tempo que elas levaram para completar o curto trajeto. Aquelas que tinham sido expostas ao conjunto de palavras sobre velhice foram mais devagar.

O simples fato de ler termos associados à terceira idade já causou uma mudança física nos participantes. Essa é uma das características do efeito *priming*, que é definido por Daniel Kahneman, vencedor do Prêmio Nobel, como "a influência de uma ação por uma ideia".[2] O nome formal do *priming* é *efeito ideomotor*, e ele funciona nas duas direções. Seus pensamentos e ideias influenciam seus atos. Seus atos influenciam seus pensamentos. E aí está a importância de substituir trilhas sonoras negativas.

Uma equipe na Alemanha demonstrou o efeito ideomotor ao reverter o estudo da Universidade de Nova York. Dessa vez, os pesquisadores pediram a um grupo de participantes que caminhasse ao redor da sala em um ritmo mais devagar do que o normal, enquanto o segundo grupo caminhava em velocidade normal. Ao receber um conjunto de palavras, o grupo que andou mais devagar encontrou termos relacionados à velhice com mais facilidade. O ato de fisicamente diminuir a velocidade melhorou a capacidade de achar termos que seus cérebros interpretavam como lentos. Em resumo, "quando somos preparados para pensar em velhice, ficamos propensos a agir como se fôssemos idosos e, ao fazermos isso, reforçamos pensamentos sobre a velhice".[3]

Por que tive tanta facilidade para subir correndo as escadas do Duomo? Por que o ato pareceu tão automático, ao mesmo tempo que me pegou de surpresa? Porque eu estava preparado. Por semanas, fiquei pensando: "Você vai ficar preso naquela torre." Assim que pisei no primeiro degrau, todas as trilhas sonoras negativas surgiram.

Eu não deveria ter me surpreendido com a minha reação. Pensamentos influenciam atos, que influenciam os resultados obtidos. Eu sabia disso. Acho que eu sempre soube disso, mas só fui compreender o poder escondido nesse princípio em 2008.

Se as minhas trilhas sonoras podiam me incentivar a subir correndo a escada do Duomo, elas também poderiam me incentivar a subir os degraus de um palco para dar palestras?

Se as minhas trilhas sonoras podiam me deixar hiperfocado em um medo, como ficar preso na torre, elas também poderiam me deixar hiperfocado em um objetivo, como escrever um livro?

Se as minhas trilhas sonoras podiam fazer uma catedral inteira desaparecer diante das minhas preocupações, elas também poderiam fazer uma montanha de obstáculos desaparecer diante da minha esperança?

Spoiler: a resposta é sim, ou este seria o pior livro do mundo. Quando escolhemos as trilhas sonoras que mais escutamos, não há limite para o que podemos conquistar.

Quando escolhemos as trilhas sonoras que mais escutamos, não há limite para o que podemos conquistar.

Agora você sabe por que passei 13 anos sem escrever sobre isso. Parece simples e óbvio demais. Então por que a maioria das pessoas não sabe lidar com o excesso de pensamentos?

Porque todo mundo pensa demais e não sabe por onde começar.

As três perguntas que você deveria fazer às suas trilhas sonoras

Em 1968, Pyotr Anokhin, aluno de Ivan Pavlov, o pioneiro da psicologia, "publicou uma pesquisa que demonstrava que a quantidade mínima de padrões de pensamentos potenciais que um cérebro médio cria durante a vida é 1 seguido por 10,5 milhões de quilômetros de zeros digitados".[4]

Converti os quilômetros para milhas, porque ainda fujo do sistema métrico com todas as forças, e isso equivale ao número 1 seguido por 6,5 milhões de milhas de zeros. Essa é a quantidade de padrões de pensamento que temos. Não é de admirar que as pessoas fiquem desanimadas ao assumir que pensam demais. Se um amigo me dissesse "Posso conversar com você sobre uma coisa? Na verdade, são 10,5 milhões de quilômetros de coisas", teríamos uma conversa pesada.

Quem tem tempo para algo assim? Eu não tenho. Nem você. Não seria bem mais fácil fazer apenas três perguntinhas para nossas trilhas sonoras mais barulhentas e, assim, determinar quais devemos ouvir?

Primeira pergunta: Isso é verdade?

Um dos maiores erros da vida é acreditar que tudo que pensamos é verdade. Geralmente acreditamos que, se algo está na nossa cabeça, só pode estar certo. Se pensamos naquilo, deve ser real. Apesar das loucuras que nossos pensamentos nos disseram ao longo dos anos, confiamos neles. Prometo que você se surpreenderá com a quantidade de mentiras acumuladas na sua cabeça quando começar a fazer essa pergunta para uma trilha sonora.

Perguntei a Cody Skog sobre o que ele pensava demais, e sua resposta foi: "Fico pensando em ganhar a vida fazendo mágica em eventos." Mágico amador, o objetivo dele era começar a participar de mais eventos remunerados. A trilha sonora negativa que ele ouvia era: "Você não pode cobrar pelos seus serviços porque outras pessoas sabem fazer mágicas melhores."

O truque – o trocadilho foi meio proposital – é saber que isso é verdade. Se pensar demais fosse apenas mentir para si mesmo, seria fácil solucionar o problema. Mas é verdade: existem mágicos melhores do que Cody. Isso vale para todas as profissões. Existem escritores melhores do que eu. Não se trata de falsa modéstia. Isso é um fato. Mas o que a trilha sonora de Cody está de fato dizendo?

Se analisarmos bem, veremos que a trilha sonora negativa que diz "Você não pode cobrar pelos seus serviços porque outras pessoas sabem fazer mágicas melhores" na verdade quer dizer: "Você só poderá ganhar dinheiro fazendo mágica depois que for melhor do que todos os outros mágicos do mundo." Então, agora

Um dos **MAIORES ERROS** da vida é acreditar que tudo que **pensamos** é **verdade.**

JON ACUFF   #soundtracks

Cody só precisava se tornar o melhor mágico do planeta inteiro antes de começar a cobrar por seu trabalho. É claro que isso é impossível, porque, para se tornar o melhor, ele precisaria fazer eventos remunerados para continuar seu caminho até o topo. Dá para ficar pensando demais sobre isso para sempre.

Vamos passar a trilha sonora dele por nosso primeiro filtro: Isso é verdade?

É verdade que você precisa ser o melhor mágico do mundo antes de começar a cobrar por seus serviços? Existe algum torneio oficial de mágicos que você possa vencer para ser coroado o melhor do mundo? Ou então funciona como em *Highlander*, e você precisa viajar de cidade em cidade, derrotando todos os mágicos que aparecerem no seu caminho e roubando o poder deles até o dia em que finalmente subirá em uma ravina verdejante e declarará: "Agora posso ganhar a vida fazendo mágica!"

A resposta é óbvia. Essa trilha sonora não é verdadeira, então Cody já tem pelo menos uma pista de que precisa aposentá-la.

Para determinar se algo é verdadeiro ou falso, precisamos ter pelo menos alguma prova concreta. Barbara L. Fredrickson, Ph.D., professora da Universidade da Carolina do Norte em Chapel Hill, afirma que "uma forma cientificamente comprovada de cortar esse ciclo desgastante é argumentar contra o pensamento negativo. Argumente da mesma forma que um bom advogado faria, examinando os fatos".[5]

Uma das maneiras mais fáceis de encontrar provas é buscando uma segunda opinião. Se um médico lhe desse um diagnóstico grave, você procuraria outro para confirmar aquilo que o primeiro disse. Quando se trata de trilhas sonoras, estamos falando sobre os pensamentos que moldam toda a nossa percepção de vida. Cabe a nós perguntar a alguém se o nosso raciocínio é verdadeiro.

Foi isso que Sal St. Germain, gerente de uma loja de equipamentos eletrônicos no Havaí que tem o nome mais legal do mundo – é claro que ele mora no Havaí. Onde mais ele moraria com um nome desses? –, fez no meio de um projeto imenso que estava desenvolvendo no trabalho.

Quando entrei em contato durante a fase de pesquisa para escrever este livro, ele me contou: "Nós tínhamos um projeto que estava sendo um fracasso absoluto, porque nos sentíamos limitados por certas regras e orientações determinadas pela sede."

Depois de reconhecer que estavam empacados, Sal decidiu perguntar ao seu chefe se ele e a equipe haviam chegado à conclusão certa. "Meu chefe disse que, na verdade, nós éramos os especialistas e deveríamos orientar o pessoal da sede sobre a melhor forma de conduzir os negócios."

Sal e a equipe tinham uma informação errada. A nave-mãe não estava prendendo ninguém; na verdade, era o oposto. Ela esperava que Sal dissesse qual era a melhor jogada. "Isso mudou a mentalidade dos líderes do nosso grupo, e conseguimos interagir com a sede, em vez de nos sentirmos prejudicados por ela." Mudar a trilha sonora fez com que os membros da equipe parassem de se sentir como vítimas e se tornassem parceiros. "No fim, acabamos implementando a mudança em tempo recorde e economizamos cerca de 14 milhões nos cinco anos seguintes."

"Isso é verdade?" é uma das perguntas que pode nos ajudar a mudar a cultura de uma empresa inteira. Culturas não passam de coleções de trilhas sonoras que tocam constantemente em uma instituição. Às vezes, elas são selecionadas de propósito. Com frequência, são acidentais. A trilha sonora mais repetida no mercado corporativo é "Precisamos fazer uma reunião". Dá para imaginar quanto tempo, criatividade e produtividade seriam economizados se você perguntasse "Isso é verdade?" para essa trilha sonora?

Culturas não passam de coleções de trilhas sonoras que tocam constantemente em uma instituição.

Talvez você não precise fazer uma reunião. Talvez a verdade seja que você precisa da resposta de uma pessoa sobre uma questão específica. Em vez de desperdiçar uma hora de dez colegas sugerindo ideias em uma sala, você só precisa dar um telefonema, mandar um e-mail ou ter uma conversa com alguém responsável por tomar decisões. Da próxima vez que um colega de trabalho disser que vocês precisam fazer uma reunião, pergunte "Isso é verdade?" e então analise se é disso mesmo que vocês precisam.

Outra trilha sonora popular hoje em dia é que millennials são preguiçosos e arrogantes. Essa está na moda há anos. Se você quiser desligá-la e seguir por outro rumo, pergunte "Isso é verdade?" quando alguém fizer esse comentário. Busque provas. A pessoa argumentou que os últimos dez millennials que ela contratou eram preguiçosos e arrogantes, ou ela só está repetindo um comentário que a mídia costuma fazer? Ela está reagindo a um estudo da Faculdade de Administração de Harvard sobre o declínio na ética de trabalho ou reproduzindo a piada que ouviu de um comediante?

Patrick Bradway, que é pastor em Escanaba, Michigan, tinha uma trilha sonora que não tinha a ver com trabalho, mas causava o mesmo nível de frustração. "Para mim, o problema é encontrar um hobby, algo que me distraia. Ironicamente, sempre penso no que eu deveria estar fazendo. Preciso limpar a casa, preciso me concentrar na minha esposa e nas necessidades dela. São coisas boas, mas que costumam ocupar todo o meu tempo, e nunca me permito ter um passatempo, porque sempre acho que preciso cuidar de coisas mais urgentes."

Essa é uma forma admirável de viver a vida. Patrick acredita que só pode ter um hobby pessoal depois de passar tempo suficiente com a esposa. O problema é que "suficiente" não existe. Ele nunca vai achar que deixou a casa limpa o suficiente nem que passou tempo suficiente com a esposa.

Perguntei a ele o que sua esposa pensaria se ele encontrasse um novo passatempo para se distrair. Sua trilha sonora negativa dizia: "Você não pode ter um hobby por causa da sua esposa." Sua trilha sonora dizia que ela ficaria furiosa com o egoísmo dele. Mas isso era verdade? Havia provas? Sua esposa era uma monstra que detestava hobbies? A resposta dele não me surpreendeu.

"Minha esposa vive dizendo que preciso encontrar um hobby. Ela sempre me diz para fazer amigos com quem eu possa sair ou ir ao cinema."

Ela quer que o marido encontre um hobby, mas a trilha sonora negativa diz o oposto a ele. Munido de novas provas, ele encontrou uma resposta para a primeira pergunta que fazemos às nossas trilhas sonoras.

Questione o pensamento por trás do pensamento

Em uma festa de ano-novo na casa dos pais de Kris Luoto, Tony Murtaugh estourou uma garrafa de champanhe barato e a sacudiu por todo canto.

Enquanto ele jogava espumante pela sala de estar, recebendo gritos horrorizados de praticamente todos ali presentes, lembro que pensei em duas coisas:

1. Ele acha que acabou de vencer a liga da NBA.
2. Como ele entrou na festa?

Ninguém sabia direito a resposta para a segunda pergunta, e isso sempre acontece quando se trata de penetras. Alguém devia ter convidado Mike para a festa. Mike contou para um amigo. O amigo contou para o primo que tem um jet ski. Primos são donos de 72% dos jet skis do mundo. O primo então contou para Tony. O convidado original nessas situações raramente é o problema. A confusão sempre é culpa do Tony, que soube pelo primo, que soube pelo amigo, que soube por Mike.

O mesmo princípio vale para trilhas sonoras negativas. Digamos que você queira começar um podcast. Uma das primeiras trilhas sonoras que você escuta é: "Não sei como fazer um podcast."

Isso é 100% verdade. Você não sabe, e admitir isso é uma ótima forma de começar a aprender o que precisa ser feito. Porém, uma segunda trilha sonora surge logo atrás da primeira. Ela diz: "Fazer um podcast deve ser absurdamente difícil." Isso pode ser 50% verdade. Não será fácil, mas também não será absurdamente difícil. A produção de podcasts tem se tornado cada vez mais fácil conforme a tecnologia melhora e mais especialistas ensinam técnicas pela internet.

As duas primeiras trilhas sonoras não são problemas de verdade, mas há uma terceira obscura, escondida nas sombras. E "obscura" é a palavra certa, porque, como debatemos no Capítulo 1, pensar demais geralmente não é muito bom.

Agora, enquanto você se esforça para fazer o podcast e se depara com os desafios que sempre encontramos ao tentar algo novo, surge um "Nunca vou conseguir fazer um podcast". Eita, nunca? Que pensamento desanimador sobre um desafio novo... Como essa trilha sonora apareceu? Isso é 0% verdade, e, agora, você tem um patife estourando champanhe em cima do sofá com estampa florida da mãe de Kris Luoto. (Era um sofá muito bonito, e, infelizmente, adolescentes têm pouco talento para tirar manchas de móveis.)

Penetras e trilhas sonoras negativas tendem a andar em grupos. Assim que você usar o "Isso é verdade?" e as outras duas perguntas para aposentar as músicas que estão atrapalhando, certifique-se de analisar o pensamento por trás do pensamento. Essa é a melhor forma de garantir que convidados indesejados não apareçam na festa.

Segunda pergunta: Isso é útil?

A pergunta "Isso é verdade?" não é suficiente para encontrar a mentira em uma trilha sonora negativa. É por isso que é tão irritante quando alguém diz: "Pare de pensar demais nessa situação, isso não é verdade!" *Valeu, Oprah de araque. O seu conselho mudou a minha vida.* Saber que algo não é verdade não basta. Trilhas sonoras são bem mais ardilosas, e é por isso que fazemos a segunda pergunta.

A trilha sonora que você está escutando agora, a que toca sem parar, lhe é útil? Ela estimula você a seguir em frente ou faz com que você permaneça empacado? Ela motiva você a tomar uma decisão ou limita suas decisões? Ela gera ação ou apatia?

Erin Zieren – que não tem qualquer parentesco com Ian Ziering, mas, caramba, ela quase faz parte da realeza de *Sharknado* – conhece muito bem a força dessa pergunta. Ela é arquiteta em Flowood, no Mississippi, e, assim como muitos de nós, começa o processo de repensar tudo que fez e disse no instante em que termina de conversar com alguém.

Eu falei a coisa certa? Eu deveria ter dito algo diferente? Que partes da conversa podem ser interpretadas do jeito errado? Quando ela disse que não precisava da minha ajuda, o que quis dizer? Houve um pouco de conflito – é melhor resolver por telefone, e-mail ou mensagem? Mencionar o problema faz com que ele se torne maior ou menor? Preciso insistir nesse ponto ou é melhor deixar para lá porque somos amigas?

Erin pensa demais na situação toda, especialmente quando sentiu alguma tensão. "Repasso o evento na cabeça um milhão de vezes e fico agonizando sobre como eu deveria ter reagido", diz ela. Porém, na sua opinião, o caminho a seguir é óbvio: "Conversar com a pessoa deveria ser a primeira opção, para facilitar a solução dos problemas."

Esse é um dos preços de pensar demais. O hábito nos impede de tomar passos geralmente simples, que aliviariam a situação. Mas Erin fica ouvindo as trilhas sonoras negativas. Quando perguntei quanto tempo desperdiça com isso, ela logo respondeu: "Dias. É vergonhoso admitir que, em alguns casos complicados, são semanas. Chego a ficar com raiva e, depois, fico irritada comigo mesma por não tomar uma atitude e resolver aquilo de uma vez."

Se você perguntasse a essa trilha sonora se ela é verdadeira, talvez fosse enganado: "Claro, estou ajudando você a refletir sobre a situação. Não estamos obcecados, estamos analisando. Só estou preparando você para a próxima vez." Ela pode fingir que é verdadeira, e é por isso que sempre usamos a segunda pergunta.

Isso é útil?

Você acha que Erin responderia que sim? Ela diria que desperdiçar dias, e até semanas, sentindo vergonha e raiva de si mesma é um comportamento que ajuda? É claro que não. Pense em tudo que ela poderia fazer com esse tempo.

Agora, multiplique esse problema por uma empresa inteira e imagine as consequências que ele causaria na produtividade.

Pense em quantos trabalhadores desperdiçam tempo, criatividade e produtividade em trilhas sonoras inúteis, em vez de tomar as atitudes simples que eles sabem que solucionariam o problema. O que isso custa? Dias? Semanas? Milhões de dólares? Não é exagero. A equipe de Sal St. Germain no Havaí economizou 14 milhões quando parou de escutar uma trilha sonora negativa.

Qual será o preço de lidar com as suas?

Terceira pergunta: Isso é gentil?

Trilhas sonoras negativas são complicadas e podem passar despercebidas pelas duas primeiras perguntas. Elas se disfarçam de verdade muito bem. Como poderia ser diferente? Faz anos que você acredita em algumas delas. É fácil acreditar que são úteis. É fácil lembrar situações em que elas salvaram você. Mas esta última pergunta vai desmascará-las.

Isso é gentil?

Você está escutando uma trilha sonora que lhe trata com gentileza? Após ouvi-la algumas vezes, você se sente bem consigo mesmo? Sente-se animado com a sua vida e as oportunidades que estão surgindo?

Quando eu e Mike Peasley, Ph.D., perguntamos a mais de 10 mil pessoas como elas se sentiam ao pensar demais nas coisas, 73% responderam "incompetentes". Quando perguntamos se pensar demais fazia com que se sentissem esgotadas, 52% delas responderam que sim. Sabe por que você se sente incompetente e esgotado sempre que pensa demais? Porque fica ouvindo trilhas sonoras maldosas sobre si mesmo repetidamente.

Das três perguntas que fazemos às nossas trilhas sonoras, essa com certeza é a que mais tem clima de incensos queimando e cânticos sendo entoados em um círculo de amizade em uma comunidade mística de Malibu. Mas vamos devagar. Ninguém está dizendo que você precisa dar vazão a uma sensibilidade extrema para passar uma trilha sonora pelo último filtro. Na verdade, vamos voltar para o mundo da ciência para entender de verdade por que é importante aposentar trilhas sonoras maldosas.

Trinta anos atrás, o dr. Jon Kabat-Zinn, um professor formado no MIT e que leciona na Faculdade de Medicina da Universidade de Massachusetts, foi um dos primeiros cientistas a estudar os benefícios da atenção plena para a saúde. Hoje em dia, essa é uma palavra popular e que evoca o uso de velas, mas a definição de atenção plena do dr. Kabat-Zinn é bem mais clínica e interessante para a nossa conversa: "Atenção plena significa prestar atenção de um jeito específico: com propósito, no momento presente e sem julgamentos."[6]

As últimas duas palavras são as mais importantes quando se trata de remover trilhas sonoras maldosas. Trilhas sonoras gentis não julgam. Trilhas sonoras maldosas julgam. Se a sua trilha sonora é algo que um diretor de escola diria depois de você ser convidado à sala dele no oitavo ano, existe a possibilidade de ela não ser gentil. Se a sua trilha sonora é uma informação pessoal que você teme que as pessoas descubram – isto é, que a sua vida realmente não está nos eixos –, existe a possibilidade de ela não ser gentil.

O Google tentou compreender esse problema ao lançar o Projeto Aristóteles. A empresa investiu milhões de dólares para entender o que suas equipes mais bem-sucedidas tinham em comum. Um total de 180 equipes diferentes foram avaliadas com 35 modelos estatísticos sobre centenas de variáveis.[7] É bem provável que tivesse sido mais fácil fazer uma pesquisa no Google sobre o assunto, mas, se o Google se pesquisar no Google, nosso sistema solar vai entrar em colapso.

Sabe o que descobriram? "Os dados do Google indicam que a segurança psicológica, mais do que tudo, é essencial para que uma equipe dê certo."[8] Segurança psicológica é um termo que a professora Amy Edmondson, da Faculdade de Administração de Harvard, descreve como uma "crença compartilhada por membros de uma equipe de que todos os integrantes podem correr riscos interpessoais com segurança".[9] Você pode fazer perguntas, sugerir novas ideias e admitir que cometeu um erro sem ser destratado pelos colegas. Não é surpresa ficarmos empacados quando nossas trilhas sonoras negativas passam o dia inteiro nos atacando. A sua "equipe de uma pessoa" não é um lugar seguro para crescer ou inovar.

A vantagem de escutar trilhas sonoras gentis é maior do que você imagina. Os alunos do curso de Kabat-Zinn, por exemplo, sofrem menos de estresse, dor e ansiedade, têm uma pele mais saudável e uma imunidade melhor.[10] A questão da pele me impressionou. Imaginei Adam Levine, do Maroon 5, em um comercial de produtos para acne, dizendo: "É, o que mais me ajudou nem foi o creme, mas parar de me criticar tanto."

Quando Herbert Benson, médico de Harvard, estudou os efeitos da atenção plena na saúde cardiovascular, descobriu que duas coisas eram muito impactantes. A primeira era repetir uma frase para si mesmo – que é outra forma de se referir a trilha sonora – de propósito por um tempo determinado. A segunda era gentilmente voltar a essa frase e pensar "Tudo bem" sempre que você se distraísse e pensasse em outra coisa. O "Tudo bem" é uma parte importante por ser uma forma bondosa de recuperar o foco, sem carregar julgamentos.[11]

Em vez de criticar a si mesmo ao pensar coisas como "Sou incapaz de me concentrar" ou "Isso nunca vai dar certo", você só precisa dizer "Tudo bem" e recomeçar. Nós sempre achamos que precisamos ser mais fortes e ter a resiliência de um soldado de elite, mas resiliência não significa se permitir começar de novo quando as coisas não ocorrem como o esperado na primeira tentativa?

Resiliência significa se permitir começar de novo quando as coisas não ocorrem como o esperado na primeira tentativa.

Independentemente de falarmos de um estudo baseado na ciência ou de uma atividade baseada em práticas religiosas milenares, quando se trata de reaprender a pensar, ambos têm um ponto em comum: a gentileza faz diferença. Não consegui encontrar nenhum estudo que dissesse que "o segredo para criar a prática pensativa que você deseja é se criticar com mais frequência. A melhor forma de se aprimorar é cobrar ainda mais de si mesmo".

A prática de identificar trilhas sonoras erradas pode parecer um tanto duvidosa, mas os benefícios são nítidos e surpreendentemente práticos. Na primeira vez em que tentei, ela melhorou minhas viagens a trabalho bem mais do que quando finalmente tive acesso ao clube de vantagens da companhia aérea.

A vergonha não cabe na mala

Depois de passar anos repetindo a trilha sonora "Acho que consigo ser palestrante" e tomar a iniciativa para realizar esse desejo, comecei a conseguir mais trabalhos. Fui de nenhuma viagem de trabalho para cerca de 80 por ano. Quando comecei a ficar mais tempo fora, passei a fazer muito alarde sobre a viagem para minhas filhas. Eu expressava remorso por ter que ficar longe, dizia que sentiria muita falta delas, fazia promessas como "Vou estar de volta daqui a quatro sonecas". Parecia que eu passaria um ano na Lua, não que ficaria hospedado por duas noites no hotel Marriott. Para melhorar a cena, só faltava colocar "Dust in the Wind", do Kansas, para tocar sempre que começasse a arrumar as malas.

Finalmente, minha esposa me puxou para um canto e disse: "Você está fazendo as crianças se sentirem mal com a sua viagem. Como você se sente culpado, exagera a situação e ensina que elas devem ficar tristes. Elas nem sabem como deveriam reagir à sua ausência, então copiam as suas emoções. Quanto mais triste você parece, mais tristes elas ficam. Nós não estamos chateadas por você ir viajar. Não estamos arrasadas. É o seu trabalho. Você pode ir trabalhar."

Jenny tinha razão. Crianças reagem às emoções dos adultos. O processo envolve *neurônios-espelho* no cérebro delas, que refletem aquilo que os pais transmitem. Quando a minha trilha sonora "Bons pais não viajam a trabalho" ficava barulhenta demais, eu ficava triste e ensinava minhas filhas que elas também deveriam se sentir assim.

E pior: eu transformava o trabalho no vilão da história. Sem perceber, eu estava ensinando às meninas que trabalhar é algo horrível que obriga você a sair de casa e abandonar seus entes queridos. Nós passamos 18 anos ensinando aos nossos filhos que trabalhar é uma droga, e então ficamos surpresos quando eles se formam na faculdade e não se animam com a ideia de arrumar um emprego.

Nunca tinha pensado nisso, mas, no fundo da minha mente, algumas trilhas sonoras me diziam que "Bons pais nunca viajam a trabalho" e "Eu devia ter vergonha de precisar viajar". De onde tinha saído isso? Bem, meu pai é pastor e minha mãe é auxiliar de dentista, então não passei a infância vendo os dois viajarem a trabalho. Eu pensava: "Tive bons pais, e eles nunca viajavam. Portanto, só pais ruins viajam." Sem querer, passei anos acreditando nesse tipo de trilha sonora, mas, no momento em que percebi o quanto ela me afetava, eu pude fazer as três perguntas.

Isso é verdade? De certa forma. Às vezes, fico triste por precisar passar tempo longe das minhas filhas, especialmente quando é um dia raro de neve em Nashville e todos os pais estão no Instagram postando uma série de fotos brincando com os filhos, com a hashtag #MeusFilhosNãoVãoPrecisarDeTerapia. Adoro estar em casa e com certeza fico triste por estar longe. Ao mesmo tempo, adoro viajar a trabalho. Em uma semana, fui duas vezes à Disney para eventos diferentes. O primeiro foi no Four Seasons, em um salão com vista para o castelo da Cinderela. O segundo foi no hotel Marriott, e havia uma mesa para dez pessoas na sala de jantar da minha suíte. Comi um cheeseburger da praça de alimentação na cabeceira da mesa, como se estivesse prestes a demitir nove pessoas durante meu horário de almoço. Viajar é DIVERTIDO.

Isso é útil? Talvez eu devesse me sentir triste. É assim que um bom pai se sente, culpado por viajar? Essa trilha sonora me ajuda a ser um pai melhor? Ela me incentiva a passar mais tempo com minhas filhas quando estou em casa? Eu poderia gastar horas refletindo sobre essa questão, mas, por sorte, tenho uma última no meu arsenal.

Isso é gentil? Dividi minha resposta de acordo com as três partes envolvidas:

1. *Isso é gentil comigo mesmo?* Não. Dizer a mim mesmo que devo sentir vergonha sempre que viajo não é gentil. É algo que estragou todas as minhas viagens e transformou experiências potencialmente legais no Vergonhapalooza. Falar em público é a coisa que mais gosto de fazer na vida. O fato de uma trilha sonora me instigar a sentir culpa por sair de casa sempre que uma nova oportunidade surgia não era gentil.
2. *Isso é gentil com minhas filhas?* Não. Elas estavam ficando ansiosas e estressadas por minha causa. Daria no mesmo se eu dissesse: "Parece que o dia de vocês está ótimo. Suquinhos, *Clifford, o gigante cão vermelho*, pijamas favoritos. Quase odeio ter que fazer isso. Preciso avisar que estou indo embora. Vou dizer que será só por duas noites, mas, como vocês não têm muita noção de como o tempo funciona, vai parecer uma eternidade. Seria muito comovente se vocês colocassem uma vela na janela toda noite, até eu

voltar são e salvo, porque o caminho é cheio de perigos, e acho que embarcar no grupo B de um voo na classe econômica parece pouco promissor."
3. *Isso é gentil com a minha esposa?* Não. Três de três! Abalar o emocional das meninas pouco antes de viajar não era gentil. "Agora que fiz as crianças chorarem, vou passar uns dias fora. Boa sorte com isso aí."

Quanto mais eu destrinchava a situação, mais óbvio tudo ficava. Decidi parar de colocar a vergonha na minha mala. Não havia espaço para ela. Aquelas trilhas sonoras antigas não eram mais convidadas para as viagens. Passei a dizer para todo mundo ao meu redor que também deviam parar com isso. Quando outros viajantes a trabalho reclamavam por não estarem em casa, eu lembrava a eles que ficar se criticando raramente ajudava.

Sempre faça três perguntas às suas trilhas sonoras:
1. **Isso é verdade?**
2. **Isso é útil?**
3. **Isso é gentil?**

Se um dia você me encontrar sorrindo no assento do meio de um avião, entenderá por quê. Ser gentil consigo mesmo é uma arma secreta, e eu a utilizo todos os dias.

Você diria a mesma coisa para um amigo?

Quando você pergunta a uma trilha sonora se ela é verdadeira, útil e gentil, é comum que a resposta seja: "Sim. Isso é para o seu próprio bem. É autodisciplina. É encarar a realidade." Essa trilha sonora mais parece um sargento que só esculhamba você porque quer incentivá-lo a se tornar uma versão mais forte e melhor de si mesmo. Talvez você não goste do processo, mas um dia ficará feliz por ter se cobrado tanto.

Que bobagem.

Uma trilha sonora negativa nunca ajudará você a se reerguer. Ela é incapaz disso. Não é para isso que ela serve. Vejamos, por exemplo, a trilha sonora "Você não tem tempo para terminar tudo hoje". Já ouviu essa? No começo do dia, ao dar uma olhada na sua lista de tarefas, a trilha sonora que afirma que você não tem tempo para fazer tanta coisa começa a tocar no seu ouvido. Ela aperta o botão do pânico, infestando seu corpo com cortisol, o hormônio do estresse, até que qualquer possibilidade de ter um dia calmo e produtivo seja completamente destruída. Isso é verdade? Talvez seja. Você não tem tempo suficiente para terminar TUDO. Ninguém consegue terminar tudo em um único dia. Então, sim, é verdade. Mas é gentil?

E é nesse ponto que a mentira começa a aparecer.

Ao longo de todos os anos que você sentiu sua lista de tarefas ficando grande demais, essa trilha sonora nunca disse: "Hoje é o dia em que você tem a quantidade exata de tempo de que precisa. É o período perfeito. Conseguimos!" Ela nunca dirá isso. Se você estiver esperando que uma trilha sonora negativa se torne gentil, pode parar.

Trilhas sonoras negativas nunca se transformam em trilhas sonoras diferentes por conta própria. Esse processo é responsabilidade nossa. Nós temos a missão de aposentar as trilhas antigas e substituí-las por novas.

Caso você ainda não consiga decifrar se uma trilha sonora é gentil, um método fácil é questionar: "Se eu ficasse repetindo isso para um amigo, ele iria fazer questão da minha companhia?"

Se eu dissesse para a minha amiga Wendy Maybury, uma mãe solo heroína, que ela deveria sentir vergonha sempre que viaja a trabalho, ela iria fazer questão da minha companhia? Seria gentil se, toda vez que ela estivesse prestes a embarcar em um avião, eu ligasse só para dizer que fazer isso a torna uma péssima mãe? Ela ficaria feliz por receber meu telefonema ou bloquearia meu número?

Se você não repetiria a sua trilha sonora para um amigo, é bem provável que não deva repeti-la para si mesmo.

O que fazer com tantos pensamentos?

Pensamentos são descritos de diversas maneiras, dependendo de qual autor você está lendo. Já ouvi dizer que você deve encarar seus pensamentos como folhas flutuando por um rio, carros correndo por uma estrada ou nuvens pairando no céu. É preciso vê-los passar, tornando-se um observador objetivo que calmamente remove as reflexões indesejadas. "Puxa vida, esse pensamento não é verdadeiro, não é útil e não é gentil. Vou removê-lo do rio da minha vida para que as águas possam fluir em paz."

Parece um processo maravilhoso. Infelizmente, meu excesso de pensamentos exige uma abordagem mais enérgica. Eles são persistentes, invasivos e tendem a rir da minha cara quando tento dispensar trilhas sonoras negativas como folhas indesejadas no rio de Jon.

Há dias em que encontro nas minhas margens mil pensamentos que não são verdadeiros, que não me ajudam e que não são gentis. Em outros me deparo com o mesmo pensamento que eu jurava ter aposentado no dia anterior; ele passa correndo e acumulando uma quantidade absurda de milhas por ser um flutuador frequente. Por sorte, existe algo que pode ajudar você a parar de pensar demais para sempre.

3. Ajuste o volume

Quem dera a última frase do Capítulo 2 fosse verdade, concorda?
Não seria maravilhoso se houvesse algo que pudesse nos ajudar a parar de pensar demais para sempre?
Todos os seus amigos diriam:
– O que aconteceu? Você parece mais calmo, mais confiante, mais bem-sucedido. Está bebendo mais água?
– Obrigado por notar, mas não, não é a água. Foi o Jon Acuff. Ele me ensinou uma forma de parar de pensar demais. Eu até contaria qual é, mas é melhor você comprar o livro, para ele conseguir pagar a faculdade das filhas.

Caramba, por essa eu não esperava. Até a professora de inglês da minha filha mais velha disse a ela para procurar um PDF de *O senhor das moscas* na internet em vez de comprar um exemplar, ou achar uma versão do audiolivro no YouTube. Incentivar as pessoas a pagar pela arte que consomem é realmente incrível.

E essa cura perfeita seria uma arte mesmo. Seria um milagre. A minha obra-prima singular. É claro que ela não seria singular por muito tempo, porque, se fosse um sucesso, eu logo lançaria um segundo livro para me aproveitar da fama. Ele se chamaria *A segunda cura*, ou *Cura-dor*, e eu estaria na capa, exibindo um sorriso torto que pareceria dizer "Também não acredito que encontrei outra cura para o excesso de pensamentos!".

Passei décadas buscando uma forma de conseguir parar de

pensar demais. Adoro um guru motivacional, e, quanto maior a promessa, maior é a minha crença de que dará certo. Eu me convenci de que estava prestes a encontrar uma ideia, uma técnica, um truque que mudasse a minha vida.

Eu estava errado.

Não importava o quanto tentasse, por quanto tempo prendesse a respiração, o que estudasse, eu não conseguia desligar completamente as minhas trilhas sonoras negativas. Você sabe que está meio empacado quando começa a tentar acelerar o áudio do seu aplicativo de meditação. Dava certo com audiolivros. Se eu conseguisse ter o dobro de atenção plena em metade do tempo, talvez tudo se resolvesse. Apesar dos meus esforços, minhas trilhas sonoras negativas continuavam barulhentas em certos momentos. Eu as aposentava, imaginando que desapareceriam para sempre, mas então elas ressurgiam em momentos inesperados, como Brett Favre anunciando aposentadoria da NFL várias vezes. Eu me sentia um fracassado até tomar café com David Thomas.

É um botão de volume

David Thomas usa óculos da moda. Essa não é a informação mais importante sobre ele, mas chama atenção. Ele é um desses caras que sustentam óculos com armação transparente sem parecer um tiozão que se acha descolado por usar tênis da moda. "Esses músculos aqui? Eu mostrei sem querer." Além do seu gosto excelente para moda ocular, ele também é diretor de terapia familiar no Daystar, um centro infantil em Nashville. Apesar de David ser autor de seis livros e um palestrante bem-sucedido, foi um comentário despretensioso feito durante nossa conversa que mudou completamente a minha visão sobre como aposentar trilhas sonoras negativas.

No intervalo de uma longa lista de perguntas que levei, David disse:

– O problema de ouvir vozes interiores é que queremos ter um interruptor.

Eu nunca tinha ouvido ninguém descrever pensamentos dessa maneira, então pedi para ele explicar o que isso queria dizer.

– Nós achamos que, em algum lugar por aí, existe um interruptor e que basta encontrá-lo para conseguirmos desligar completamente os barulhos da nossa mente. Só teríamos que fazer isso uma vez e nunca mais escutaríamos nada. As pessoas querem que esse interruptor exista.

– Essas pessoas são loucas – comentei depois de passar os últimos anos da minha vida procurando exatamente por isso.

– O que existe não é um interruptor – continuou ele –, mas um botão de volume. O objetivo não é desligá-lo para sempre, e sim diminuir o barulho. O som ficará alto às vezes. É assim que um botão de volume funciona. Mas, quando a vida aumenta os pensamentos negativos, podemos diminuí-los. Isso reduz muito a pressão, porque quando um deles reaparece não quer dizer que você fracassou em desligá-lo e precisa encontrar outro interruptor. Significa que é o momento de tomar uma atitude para diminuir o som.

Eu queria pular em cima da mesa e gritar: "É um botão de volume! É um botão de volume!"

Quando vivemos com a mentalidade do interruptor, estamos fadados ao fracasso, porque ela incentiva uma trilha sonora de perfeccionismo. Funciona mais ou menos assim: escutamos uma trilha sonora que diz que "se você encontrar o interruptor, pode desligá-lo e nunca mais ser incomodado por trilhas sonoras negativas. Basta encontrar um livro, um exercício, uma dieta que acabe completamente com os pensamentos negativos". O interruptor pode ser qualquer coisa positiva que você acredita que vai silenciar instantânea e eternamente uma trilha sonora negativa.

É aí que a trilha sonora do perfeccionismo se torna mais barulhenta. "A perfeição é possível! O interruptor é a resposta!" É uma promessa fantástica. Quem não quer acreditar em uma coisa dessas? Então testamos o método novo, e ele funciona por um tempo. A técnica de respiração nos relaxa. O livro oferece ideias geniais. A terapia nos enche de motivação. Mas então, uma semana depois, um mês depois, um dia depois, dependendo da força da sua trilha sonora, voltamos a escutá-la.

Ah, não! Não era perfeito. Ela continua tocando. O interruptor fracassou. O perfeccionismo nunca dirá que a culpa é do interruptor. A culpa é sempre nossa. Ele faz isso porque, dessa forma, começaremos a buscar por um interruptor novo, em vez de questionar o processo. Hora de encontrar outra solução. Lemos um livro diferente, tentamos uma dieta diferente, mudamos de emprego, mudamos de cidade, mudamos de cônjuge. Viver com uma mentalidade de interruptor é assim.

O botão de volume é o oposto. Sua abordagem diz: "O objetivo não é parar de ouvir minhas trilhas sonoras negativas para sempre. O objetivo é diminuir o som delas quando ficam barulhentas demais. O objetivo é bloqueá-las quando um engarrafamento, uma fusão de empresas inesperada, a ligação de um irmão com quem você não fala há anos ou qualquer uma das bilhões de surpresas que a vida joga no seu caminho aumentar o volume para 10."

Aposentar trilhas sonoras negativas é uma prática que exige paciência, não um evento único. Há dias em que você não escuta nenhuma. Em outros, você olha para cima e percebe que uma delas voltou de fininho para a sua vida e lhe pegou desprevenido. Quando isso acontece, é preciso ajustar o volume.

Como criar algumas técnicas para ajustar o volume

Para encarar a vida, temos duas opções: moldar nosso mundo perfeitamente, de modo que nada ameace aumentar o volume de uma trilha sonora negativa, ou aprender algumas formas saudáveis de ajustar o volume quando ela ficar barulhenta demais.

A primeira abordagem exige que você fuja de todos os idiotas na internet, que fuja da chuva, dos impostos, das longas filas de espera em restaurantes, de pessoas que demoram demais para sair do avião, de pandemias inesperadas e da Carol do financeiro. Isso exige muito tempo e, infelizmente, é impossível.

Na segunda abordagem, você aprende algumas técnicas para diminuir o volume antes que ele fique alto demais. Essa abordagem é bem mais divertida e, o mais importante, é possível. Foi isso que David Thomas me desafiou a fazer naquela lanchonete.

– Quais são as técnicas? – perguntei a ele, anotando tudo que conseguia e torcendo para ele me explicar quatro ou cinco métodos bem específicos. (Eu continuava buscando interruptores.)

David explicou:

– Elas são diferentes para cada pessoa, mas são basicamente algumas atitudes que você toma quando a música fica alta demais. Por exemplo, algumas pessoas fazem carinho no cachorro porque é um comportamento que comprovadamente libera serotonina. Sempre aconselho a usar técnicas físicas. Estamos tentando fazer o sangue sair da parte jurássica do cérebro e passar para o lado racional, e movimentos ajudam. No começo, é melhor não usar o celular, por exemplo; é preciso que seja algo fácil e acessível, que possa ser usado em mais de um contexto.

Elas devem ser fáceis porque trilhas sonoras negativas adoram complicar as coisas, já que isso nos estimula a pensar demais. Vamos fingir que uma das minhas trilhas sonoras negativas diga que nunca mais conseguirei escrever outro livro. Imagine que, sempre que me sento para escrever, essa trilha sonora aparece afirmando que não tenho mais palavras, que todos os livros bons já foram escritos, que todo mundo já conhece as ideias que acredito serem tão revolucionárias. Hipoteticamente.

Talvez uma das minhas técnicas para diminuir o volume dessa trilha sonora seja ir à minha cafeteria favorita, no meu horário favorito, sentar na minha cadeira favorita e escrever. Na teoria, parece ótimo, mas o que aconteceria se eu chegasse lá um dia e encontrasse alguém no meu lugar? Sei muito bem o que aconteceria. Aqui vai uma conversa que já tive dezenas de vezes:

Trilha sonora: Tem alguém no nosso lugar.
Eu: Não tem problema.
Trilha sonora: Você está de brincadeira? Esse é o maior problema de todos os problemas que já existiram. Aquele lugar é perfeito. A mesa é pequena o suficiente para você não se sentir culpado por ocupar uma mesa enorme sozinho, mas ainda tem espaço para espalhar todas as suas coisas.
Eu: Como uma mesa da Cachinhos Dourados.
Trilha sonora: Exatamente. E a iluminação é perfeita. Clara o suficiente para trabalhar, mas também cria um clima que faz você se sentir em um filme, como um personagem que está passando por dificuldades, mas que vai conseguir superar tudo. A mesa também fica a uma boa distância da sala de recreação, o que significa que mal dá para ouvir as crianças se você usar seus fones com cancelamento de ruído. É preciso silêncio para trabalhar.

Eu: Acho que vai dar tudo certo.
Trilha sonora: Quem tem que achar alguma coisa sou eu. Você não está vendo que a nossa única opção é sentar perto do cara com o celular, a única pessoa aqui que se sente no direito de fazer ligações barulhentas no viva-voz como se estivesse num coworking, e não numa cafeteria. "NÃO SEI, GREG! EU ANALISEI OS VALORES E ACHO QUE O CLIENTE NÃO VAI TOPAR O NOVO ORÇAMENTO!" Que pesadelo. Não acredito que sentaram no nosso lugar.
Eu: Tecnicamente, o lugar não é meu. Não sou dono dele.
Trilha sonora: Com essa postura, nunca vai ser mesmo. Vamos para casa. Você não vai conseguir trabalhar direito fora do seu lugar. É melhor desistirmos. O dia acabou. P.S.: Acho que você nunca mais vai escrever um livro.
Eu: São só sete da manhã.
Trilha sonora: A vida é um sopro.

Eu queria que essa conversa fosse um pouquinho exagerada, mas juro que não é. "Ir à minha cafeteria favorita, no meu horário favorito, sentar na minha cadeira favorita e escrever" pode parecer uma boa técnica para ajustar o volume nos dias em que tenho dificuldade para me concentrar, mas não é. Na verdade, é o oposto. É uma trilha sonora negativa disfarçada. Sua estrutura é muito rígida. Há regras demais. Ela causa mais inércia do que ação, o que sempre é um sinal de trilha sonora negativa.

Preciso ser capaz de usar minhas técnicas para ajustar o volume com facilidade, em uma série de situações. Levar o cachorro para dar uma volta é uma ótima forma de distração quando se começa a pensar demais, mas não dá para fazer quando se está no trabalho. É por isso que você precisa de técnicas para mais de um contexto.

Munido com algumas informações e empolgado para testar o conceito do botão de volume, decidi ver se outras pessoas já usavam técnicas de ajuste próprias. Imediatamente me deparei com um emaranhado de alertas.

Um alerta sobre alertas

Durante o processo de pesquisa para este livro, perguntei a milhares de pessoas sobre as técnicas que usavam para evitar pensar demais. Na internet, em pesquisas, por telefonemas, em jantares, no Uber, enchi o saco de todo mundo.

Duas coisas me surpreenderam:

1. Mais pessoas usam técnicas para ajustar o volume do que eu imaginava.
2. Ninguém fala sobre elas.

Nas conversas, as pessoas baixavam a voz e diziam: "Bom, sei que é uma bobagem, mas...", e então me contavam sobre algo que faziam havia um ano, todas as manhãs. Por exemplo, Adam Dupuis, gerente de empréstimos em Greensboro, na Carolina do Norte, me contou que dizia "obrigado" assim que colocava os pés no chão pela manhã e pouco antes de dormir à noite. Ao descrever as vantagens do hábito, ele falou: "Parece besteira, mas é um jeito ótimo de começar e terminar meu dia."

"Brega", "esquisito" e "bobagem" foram palavras que ouvi muito. Mesmo que a técnica tenha mudado a vida de uma pessoa, havia a necessidade real de começar a conversa com um alerta.

As pessoas tinham medo de serem julgadas, então se julgavam antes que eu tivesse a oportunidade.

É uma pena, porque isso significa que as melhores músicas acabam não tendo chance de viralizar. Nós compartilhamos nossas trilhas sonoras negativas e reclamamos na internet sobre todas as coisas que dão errado na nossa vida, nos sentindo seguros por saber que ninguém vai nos julgar de verdade por nada disso. Mas, quando se trata do que é bom, das músicas que tornam nossos dias mais fáceis e brilhantes, ficamos de bico fechado.

Quando você começar a fazer as atividades deste livro, vai se sentir tentado a usar alertas sobre si mesmo. Como eu sei disso? Bom, você já teve uma ideia e então concluiu que ela não daria certo mesmo antes de escrevê-la? A ideia nem sequer conseguiu chegar ao papel ou virar uma anotação no seu telefone antes de você se podar? É provável que você esteja concordando com a cabeça agora, porque todo mundo já fez isso.

Isso é uma trilha sonora negativa, porque todas as ideias são dignas de pelo menos serem registradas. Há dezenas de milhões de ideias que morrem antes do tempo porque as pessoas dizem para si mesmas: "Isso é estranho, isso é bobagem, isso é brega, isso nunca vai dar certo." É chocante pensar nas obras de arte, nas inovações nos negócios e nas curas de doenças que perdemos só porque alguém julgou uma ideia antes de ela ter a oportunidade de crescer.

Não faça isso hoje. Explore o que dá certo para você sem fazer alertas. Não dispense uma técnica de ajuste antes de testá-la.

Vamos ajustar? Minhas cinco técnicas favoritas

Tentei dezenas de técnicas de ajuste diferentes depois que David Thomas me explicou a ideia do botão de volume. Li pilhas de livros. Fiz cursos on-line. Comecei e desisti de esportes novos. Com o passar dos anos, estas foram as cinco técnicas que mais me ajudaram quando minhas trilhas sonoras negativas tentaram aumentar o volume.

1. Correr

Preciso de endorfinas como um peixe precisa de água. Quando decidi lidar de verdade com a minha tendência a pensar demais, eu me dispus a começar a correr de verdade. Passar alguns quilômetros sozinho opera milagres na minha cabeça e no meu coração. Não consigo fazer isso diariamente, mas, se passo três ou quatro dias sem me exercitar pelo menos um pouquinho, o volume das trilhas sonoras negativas aumenta.

Se você odeia correr, tudo bem. Odeio andar de bicicleta, mas há quem ame. Não gosto das roupas que eu teria que usar e não me empolgo com nenhum esporte que ofereça certo risco de me atropelarem. Meu amigo Randy foi atropelado três vezes antes de os pais dele tomarem uma atitude e lhe darem uma mountain bike de presente. Também nunca tive que trocar um pneu furado nos meus tênis de corrida. Bem que eu queria ter descoberto minha aversão a andar de bicicleta antes de comprar uma road bike de fibra de carbono que me custou 2 mil dólares e foi construída para subir os Alpes franceses, mas tenho o hábito de cometer erros caros que ficam pendurados na parede da minha garagem e passar seis meses dando lições de moral em mim mesmo. Esperei outros seis meses antes de vender a bicicleta para a mesma loja em que a tinha comprado, porque uma trilha sonora negativa me dizia que todos os funcionários de lá achariam que sou um fracasso.

Nunca use um exercício que você odeia como uma técnica de ajuste; encontre a sua própria maneira de produzir endorfinas.

2. LEGO

Encontrei essa técnica completamente sem querer. Em um Natal, dei o LEGO do Castelo de Hogwarts de Harry Potter de presente para minhas filhas... É uma ode à nerdice com 6.020 peças e inclui a cabana de Hagrid, o dragão de Harry (do quarto livro, que, obviamente, é o melhor) e até a sala cor-de-rosa de Dolores Umbridge. Não montamos nada correndo; encaramos apenas um ou dois sacos de peças por dia, indo com calma e observando a estrutura se formar. Por algum motivo, foi relaxante testemunhar o progresso. Boa parte do meu trabalho é mental, e nunca vejo resultados físicos. Minha carreira também não vem acompanhada de instruções. Quais são as etapas para se tornar escritor e palestrante em tempo integral? Para mim, seguir as instruções dos conjuntos de LEGO é muito satisfatório.

3. Listas

Nas épocas em que estou mais ocupado, costumo ouvir a trilha sonora "Você tem coisas demais para fazer e pouco tempo para dar conta de tudo". Fico me sentindo sobrecarregado porque não sei em qual tarefa aparentemente importante me concentrar primeiro. Consigo diminuir o volume dessa trilha sonora com uma lista. Listas são a forma mais fácil de organizar o caos. De vez em quando faço uma lista para um momento específico. Listar tudo que preciso fazer em um projeto coloca as coisas em perspectiva. Às vezes, a lista serve para facilitar uma tarefa repetitiva, como, no meu caso, fazer a mala para uma viagem. Faz cinco anos que uso a mesma lista para isso. Outras vezes, elas tratam das coisas que tenho que fazer naquele dia.

Listas são a forma mais fácil de organizar o caos.

Numa época em que viajei muito, comecei a anotar cinco a dez coisas que precisavam ser resolvidas ao longo do dia nos bloquinhos de papel que o hotel deixava na mesa de cabeceira. Como o papel era pequeno, eu não conseguia fazer o que geralmente faria, que é pensar demais na minha lista de tarefas, acrescentando mil itens que exigiriam uma terça-feira com 96 horas para que eu conseguisse executá-los. O limite gerado pelo papel deu tão certo que resolvi fazer isso em casa também. Lembrei que o escritor James Altucher usa bloquinhos de comanda de restaurante para registrar novas ideias, então encomendei um estoque deles. Vai dar certo? Ainda não sei, mas testar técnicas oferece liberdade criativa para tentar quantas opções você quiser.

Não tenho cinquenta listas, mas costumo sempre manter três ou quatro para diminuir o barulho. Elaborá-las, riscar os itens e ajustá-las para torná-las ainda mais úteis são coisas que me trazem paz. Se as suas trilhas sonoras negativas começarem a parecer caóticas, tente fazer uma lista das coisas que precisam ser feitas. Seu hábito de pensar demais vai odiar isso no melhor sentido possível.

4. Pequenas tarefas, grandes recompensas

Quando quero diminuir o volume, guardo minhas roupas limpas no armário. Vou pegar minha correspondência. Varro as folhas do quintal. Encho o tanque de gasolina do carro da minha filha. Limpo minha mesa. Retiro da escada as coisas que minha esposa deixa lá na esperança de que alguém, qualquer pessoa, finalmente perceba que elas estão ali e as guarde. Um ótimo jeito de se distrair e encarar o mundo é fazer uma tarefa que realmente pode ser concluída.

É por isso que em algumas tardes você me encontra no mercado comprando uma única coisa. Nós não precisávamos desesperadamente de um pote de Pringles de vinagre e sal, apesar de esse ser o melhor sabor, mas eu tinha que cumprir uma tarefa possível para me livrar da minha overdose de pensamentos. Essas tarefas podem parecer bobas, mas seu efeito na redução do barulho é imenso.

5. Amigos

Quando me pego preso a uma trilha sonora negativa, uma das formas mais fáceis de diminuir o volume dela é ir tomar um café com um amigo. No começo, isso pode parecer intimidante, mas não acredite na mentira que diz que você é o único que cria trilhas sonoras negativas. Como mencionei, em uma pesquisa com mais de 10 mil pessoas, 99,5% dos participantes afirmaram que pensar demais é um problema que enfrentam. Todos nós fazemos isso.

Quando contamos a um amigo sobre nossas trilhas sonoras negativas, duas coisas acontecem:

1. Ele diz que elas não são verdade.
2. Ele compartilha uma trilha sonora própria.

Por que um amigo lhe diria que ela não é verdade? Porque as mentiras mais fáceis de enxergar são as dos outros. As músicas mais fáceis de ouvir com precisão são as dos outros. Quando amigos me contam sobre uma trilha sonora que está enchendo o saco deles, respondo com sinceridade: "Você não é a pior mãe do mundo. Não, essa deve ter sido a mãe de Hitler." Viu como foi fácil para mim? E então eu conto uma trilha sonora minha, porque é isso que acontece quando bons amigos se encontram.

Quando contamos a um amigo sobre nossas **trilhas sonoras negativas**, duas coisas acontecem:

1. Ele diz que elas **não são verdade**.

2. Ele **compartilha** uma trilha sonora própria.

JON ACUFF #soundtracks

É só isso mesmo?

Que tipo de viciado em pensar demais compartilha uma lista com apenas cinco itens? Quer dizer, sério, e se você odiar LEGO? Já pisou em um? Eles são o tapete do diabo. E se correr parecer um castigo? É como se eu dissesse: "Passar fio dental é uma ótima técnica de ajuste." E se o melhor conselho que seus amigos lhe dão é tatuar "vida loka" no rosto, escrito errado de propósito só para mostrar como você não se encaixa na sociedade convencional? E aí?

Nós pensamos demais. Não acreditamos em listas com cinco itens. Se ela não tiver pelo menos 50, não serve para nada!

Eu concordo.

Cinquenta técnicas de ajuste para você usar quando o volume das suas trilhas sonoras negativas aumentar demais

1. Saia com o carro para um passeio rápido por suas estradas favoritas, com as janelas abertas e o som alto. (Acabei de descrever uma música do Bruce Springsteen.)
2. Tome uma xícara de café. A cafeína é o néctar dos deuses.
3. Arrume uma gaveta – ou o armário inteiro, se você tiver tempo.
4. Procure "Steven Seagal" e "Rússia" no Google e veja o que ele anda aprontando nos últimos tempos. Você não vai se decepcionar.
5. Guarde algo no lugar certo. Na minha casa, os sapatos sempre parecem embarcar em aventuras longe do seu lar, a garagem.

6. Leve seu cachorro para dar uma volta, ou até ao parcão. Já me disseram que é esquisito ir ao parcão só para fazer carinho no cachorro dos outros. Entendi o recado.
7. Assista a 15 minutos de um reality show de culinária britânico em que os jurados incentivem os participantes em vez de humilhá-los de um jeito muito pessoal por suas escolhas de cobertura de bolo.
8. Tricote algumas fileiras do cachecol que você está fazendo.
9. Tire uma soneca. Lembra quando você detestava fazer isso na infância? Agora, elas são tudo.
10. Escreva uma carta de agradecimento para alguém em um papel de verdade, com selos, na sua caligrafia.
11. Se este último for exaustivo demais, mande uma mensagem de texto para um amigo.
12. Encaixe algumas peças de um quebra-cabeça.
13. Leia um romance. Se você odiar os clássicos, não se obrigue a lê-los. Escolha uma leitura leve, em que todos os capítulos sejam emocionantes e o personagem principal tenha um nome dramático, como Jackson Steelsmith ou Savannah Orion.
14. Use um aplicativo de meditação por 10 minutos.
15. Ensine seu filho pequeno a calçar tênis. Brincadeira. Por que você faria isso consigo mesmo? Compre um par de Crocs para ele e pronto. Ninguém tem tempo para cadarços.
16. Vá à academia. Se você não se sentir motivado, matricule-se em alguma aula cara, para ter um incentivo.
17. Se não tiver nenhuma academia por perto, faça 10 polichinelos, 10 flexões ou 10 abdominais.

18. Se essas são suas três coisas menos favoritas no mundo, caminhe um pouco.
19. Brinque no balanço de um parquinho por 10 minutos. Em algum momento no caminho para a vida adulta, a maioria de nós perdeu o contato com essa alegria simples.
20. Finja ser seu professor favorito e dê uma aula para si mesmo ao ar livre. Encontre um banco no trabalho ou uma cadeira no seu quintal e tome um pouco de ar fresco.
21. Assista a 10 minutos do seu comediante favorito.
22. Tome um banho de banheira ou uma chuveirada. Use shampoo de verdade, não uma borrifada de shampoo a seco, uma picaretagem que peguei minha esposa fazendo depois de 15 anos de casamento. Quando você acha que conhece uma pessoa...
23. Respire fundo algumas vezes. A vantagem dessa técnica é que você já estava respirando de qualquer forma, então não custa nada dar um gás na execução.
24. Escute sua música favorita, mesmo que não seja a época certa. Você quer ouvir a trilha sonora de *O Natal do Charlie Brown* no meio de julho? Vá em frente.
25. Ligue para a sua mãe.
26. Ou, igualmente útil, dependendo da sua relação com a sua mãe, tire uma semana de folga de conversas com ela.
27. Arrume-se. Sei que o sonho americano é trabalhar de casa, usando pijama, mas calças de moletom surradas são o uniforme das trilhas sonoras negativas. Após algumas horas, flanela vira sinônimo de fracasso. Roupões são a melatonina das roupas. Essa é uma lição que todos aprendemos ao trabalharmos de casa durante a

pandemia de covid-19. Se você colocar um cinto, já vai se sentir um pouquinho mais empolgado.
28. Escute o episódio mais recente de um podcast que você ame.
29. Veja as fotos da sua última viagem no celular. David Thomas diz que, depois que descobrirmos algumas técnicas de ajuste físicas, é ótimo acrescentar opções digitais.
30. Planeje suas próximas férias. Escolha um lugar, uma época do ano e uma atividade que você fará ao chegar lá.
31. Assista a um dos seus filmes favoritos da década de 1980 ou 1990. Comece com *Aspen: dinheiro, sedução e perigo*, que o *The Seattle Times* chamou, com razão, de "o *Top Gun* da neve".
32. Acenda uma vela ou coloque óleos essenciais em um difusor se você estiver em casa e não precisar conversar com o RH sobre incêndios.
33. Comece um novo hobby. Aprenda a tocar violão (comece com "Wonderwall", do Oasis, é óbvio). Tente pintar aquarelas. Inscreva-se em uma aula de cerâmica.
34. Organize o seu orçamento pessoal. Essa técnica me causaria um ataque de pânico, mas muitas pessoas acham que lidar com números é uma ótima forma de silenciar todas as emoções que trilhas sonoras negativas agregam.
35. Crie uma "caixa da felicidade" com algumas das suas coisas favoritas, que sempre melhoram o seu humor.
36. Compre um comedouro para passarinhos. Em uma questão de dias, você ficará maravilhado com a variedade de pássaros que começarão a visitar seu quintal.
37. Grite com mosquitos.

38. Dedique alguns minutos a um livro de colorir para adultos. Do jeito que eu falei, parece que se trata de uma série de livros pornográficos, mas esse é um hábito bem popular que muitos adultos apreciam.
39. Jogue qualquer jogo que não seja *Banco Imobiliário* com seu filho. Você não tem nove horas sobrando para diminuir o som dessa trilha sonora.
40. Faça um lanchinho. Um chocolate faz bem, você vira outra pessoa quando está com fome.
41. Corte o cabelo, vá à manicure, faça uma massagem. Esta é 100% a seção do "autocuidado".
42. Passe alguns minutos olhando suas contas favoritas no Instagram.
43. Jogue seu jogo favorito. Se você estiver em casa, dedique alguns minutos a *Fortnite* ou *Smash Bros*. Se estiver no intervalo do almoço no trabalho, abra um aplicativo e cultive colheitas virtuais de milho.
44. Assista a vídeos de azarões fazendo testes para reality shows de canto e impressionando os jurados.
45. Por falar em vídeos, assista a soldados do Exército voltando para casa de surpresa e reencontrando os filhos. Mas prepare-se para explicar aos seus colegas de trabalho por que você está chorando na sua mesa.
46. Passeie por alguma área verde. Você não precisa fazer uma trilha amanhã, mas uma caminhada pela mata é uma ótima forma de resetar o dia.
47. Escreva. Não deixe as trilhas sonoras negativas ficarem tocando na sua cabeça. Diminua o impacto delas ao colocá-las no papel.
48. Faça algo legal para alguém. Compre flores para um

amigo, leve um colega de trabalho ao aeroporto, compre café para um vizinho, etc.
49. Crie uma playlist com suas músicas favoritas para relaxar ou SE ANIMAR. A primeira pode ser lotada de compositores dinamarqueses de música ambiente que fazem álbuns inteiros com os sons noturnos das ruas solitárias de Copenhague. A segunda pode ser lotada de músicas que seriam usadas caso *Velozes e furiosos 27* fosse gravado em Copenhague.
50. Dê um tempo do seu celular caso alguma das suas trilhas sonoras negativas tenha a ver com a quantidade de tempo que você dedica a ele.

Caso você não goste de nenhuma técnica de ajuste dessa lista, aqui vai a número 51: "Pare de mentir." Sei que você ainda não tinha tentado a ideia do Steven Seagal+Rússia, porque NINGUÉM imaginou que ela seria legal. Putin o nomeou representante especial dos Estados Unidos? Que diabos isso significa?

Mas, se você quiser testar algo diferente, me avise. Publique sua técnica de ajuste favorita no Instagram junto com a hashtag #soundtracks e me marque em @JonAcuff. Estou sempre buscando novas formas de ajustar minhas trilhas sonoras, e seria ótimo saber quais são as suas soluções.

Publique sua técnica de ajuste favorita no Instagram junto com a hashtag #soundtracks e me marque em @JonAcuff.

Aposentar trilhas sonoras negativas é um jeito divertido de lidar com o hábito de pensar demais. Se você fizer isso, estará quilômetros na frente de 99% das pessoas no mundo, que nunca pensam sobre o que pensam.

Mas divertido mesmo é aprender a substituir trilhas sonoras negativas por músicas que você realmente quer escutar.

4. Copie os melhores

A questão não é se vamos ouvir uma trilha sonora hoje. A questão é se vamos escolher ouvi-la ou descartá-la.

Em algumas manhãs, eu me esqueço disso. Acordo e, antes mesmo de ligar a luz, digo: "Tudo bem, pensamentos, que trilha sonora vocês querem ouvir hoje?" Eles respondem: "A raivosa!" Não costumo perguntar por que eles escolhem canções específicas. Não questiono se alguém nos atacou durante a noite sem meu conhecimento. Apenas digo "Combinado!" e pulo para fora da cama com "Eu tenho raiva de tudo" tocando no máximo volume.

– Por que você está tão irritado? – pergunta minha esposa.

– Sei lá! – respondo, enquanto nuvens pesadas de uma frustração completamente inexplicável invadem nossa cozinha.

Isso já aconteceu com você? Antes mesmo de seus pés pisarem no chão, seus sentimentos já escolheram uma trilha sonora raivosa para ouvir o dia inteiro. Sei que esse fenômeno acontece porque temos uma expressão para ele: "Acordei de ovo virado."

Eu adoraria ter um dia melhor, mas, assim que acordei, meus sentimentos resolveram que hoje seria horrível. Pelo visto, o problema tem a ver com um ovo, sabe? Ele parece inofensivo na superfície, mas, ao virá-lo, encontramos meu ninho de víboras – e, infelizmente, foi assim que ele amanheceu hoje.

Gosto de sentimentos. Essa não é a parte em que digo que sentimentos são inúteis, ou idiotas, ou que só servem para complicar a vida. Sentimentos e Netflix são as duas coisas que nos diferenciam dos animais. Porém, quando comecei a analisar meu hábito de pensar demais, entendi que sentimentos nem sempre são os melhores DJs.

Certa manhã, quando acordei, eles disseram: "A trilha sonora de hoje é estresse. Você só vai escutar isso o dia todo."

Quando não escolhemos a trilha sonora que desejamos ouvir, a música não para. Simplesmente escutamos um monte de canções desagradáveis.

Dessa vez, questionei por quê.

Meus sentimentos responderam: "Porque você mandou aquela proposta importante para o cliente, e talvez ela não seja aprovada."

Isso parecia verdade. Ficar estressado não era muito útil nem gentil comigo mesmo, mas a proposta era importante, então aceitei a trilha sonora. Eu queria conseguir separar melhor as coisas. Juro que tentei. Falei para o meu excesso de pensamentos: "Escuta, não vamos nos estressar até recebermos o e-mail do cliente à tarde. Tenho muitas outras coisas para fazer hoje de manhã que não têm nada a ver com essa proposta." Meus pensamentos riram e continuaram tocando a trilha sonora do estresse durante o dia.

Pássaros cruzam o oceano Atlântico de uma só vez porque conseguem dormir com apenas metade do cérebro, enquanto a outra metade permanece acordada. É assim que me sinto quando o excesso de pensamentos me deixa distraído. Segui com meu dia, mas metade do meu cérebro tocava aquela trilha sonora no volume máximo. *E se o cliente não gostar da minha proposta? E se quiser reduzi-la pela metade? E se der tudo errado?* Passei horas escutando pensamentos assim em looping. Eu não conseguia me concentrar nas minhas filhas. Não conseguia prestar atenção na minha esposa. Praticamente não participei de reuniões. Eu estava ocupado demais assistindo a um show particular.

No fim do dia, recebi uma resposta do cliente. Ele aceitou a proposta e ainda quis dobrar a quantidade de trabalho, o que significava dobrar minha remuneração. Foi o maior contrato da minha vida. Quando li o e-mail, gritei de alegria na garagem. A trilha sonora do estresse iria embora agora, certo?

Na manhã seguinte, acordei com meus pensamentos dizendo: "A trilha sonora de hoje é estresse. Você só vai escutar isso o dia todo."

E eu disse: "Espera, como assim? Entendo por que escutamos a trilha sonora do estresse ontem. Nós estávamos preocupados com a proposta, mas deu tudo certo! Foi uma grande vitória. A gente devia escutar a trilha sonora da comemoração!"

E meus sentimentos responderam: "Claro, você conseguiu um trabalho enorme, mas e se não der conta dele? Com uma quantidade tão grande de trabalho também vem muita pressão."

Você é melhor que os seus sentimentos ao escolher pensamentos para escutar.

Foi nesse momento que percebi que não importava o quanto a minha situação mudasse ao longo do dia, meus sentimentos nem sempre escolheriam uma trilha sonora que correspondesse à realidade. Se o estresse fosse a canção do dia, não importa o que acontecesse, nada poderia mudá-la. Se a dúvida fosse o som que impulsionava meus sentimentos, então não haveria vitória no mundo capaz de abalá-la.

Decidi que eu deveria escolher a trilha sonora. Talvez eu pudesse montar minha própria playlist e escutá-la. Eu ainda não sabia como fazer isso, mas devia ser melhor do que deixar músicas aleatórias tocando e aceitar o que meus sentimentos preferiam ouvir.

Comece a sua trilha sonora com a música de outra pessoa

Uma noite, eu e minha esposa fomos jantar com outro casal de Nashville. Nós não nos conhecíamos bem, então, enquanto esperávamos pela comida, trocamos aquelas perguntas que sempre fazemos nessas situações: "Como vocês se conheceram?", "Por que vieram morar em Nashville?", "Quais são seus hobbies?".

Eu me empolguei com esta última e admiti:

– É meio bobo, mas sou louco por *graphic novels*.

De repente, ficamos num silêncio constrangedor, que minha esposa quebrou rapidamente.

– Ele está falando de revistas em quadrinhos. É isso que significa *graphic novel*, uma revista em quadrinhos.

Não me dei conta de que, ao ouvir "*graphic novels*", eles entenderam que eu estava falando de literatura erótica. Eles não pensaram em *Batman*, mas em *Cinquenta tons de cinza*.

Lá estava eu, jantando com desconhecidos e declarando com orgulho que um dos meus hobbies favoritos era ler romances picantes. "Muita gente diz que gosta por causa das histórias e do enredo, mas eu, não. Adoro as imagens." Foi uma noite desconfortável, mas sou especialista em conversas constrangedoras. Com certeza me deparei com muitas delas enquanto conversava com as pessoas sobre o hábito de pensar demais.

Quando eu contava para alguém que estava escrevendo

sobre o assunto, a resposta sempre era "Ah, preciso desse livro! Eu penso demais".

Eu perguntava "Sobre o que você pensa?", e a pessoa dizia "Tudo!". Então recitava uma lista de coisas sobre as quais pensava demais, e eu oferecia algumas sugestões para diminuir o som dessas trilhas sonoras. Mas se eu mudasse de tática e perguntasse "Que trilhas sonoras você preferiria ouvir em vez dessas?", só receberia olhares inexpressivos.

Daria na mesma se eu dissesse "Adoro pornografia! Pode me passar o sal?".

Era 100% mais fácil para as pessoas listarem as trilhas sonoras negativas que desejavam aposentar do que listar as novas que preferiam ouvir. A mesma coisa aconteceu comigo em 2008. Quando resolvi escutar a trilha sonora do "Acho que consigo ser palestrante e escritor", não passei os dias seguintes anotando outros pensamentos positivos que eu desejava escutar.

Não foi assim que tudo aconteceu. O papel em branco era intimidante demais. Então, em vez de tentar montar a minha trilha sonora, fiz algo diferente: escutei a de outra pessoa.

Deus abençoe Dorothy Parker

Há quinze anos peguei emprestada a trilha sonora da escritora Dorothy Parker e nunca olhei para trás. Desde então, eu a utilizo praticamente todos os dias. É como uma bússola que guia meus livros, minha carreira e minha pesquisa. Agora que enchi a bola dela a ponto de você com certeza ter ficado de saco cheio, vou compartilhá-la.

Parker disse: "A criatividade é uma mente destemida e um olhar disciplinado."

Você tem uma mente destemida quando dá permissão a si

mesmo para colocar um milhão de ideias diferentes na sua cabeça. Você presta atenção na letra de uma música, em um comentário do carteiro, em uma placa na cafeteria, na pergunta feita por seu filho curioso, em uma matéria do jornal. Você se concentra em tudo que parece minimamente interessante.

Então você observa essa vasta coleção de ideias aleatórias e consegue enxergar uma conexão entre elas de um jeito completamente novo. Uso essa abordagem para escrever livros, artigos e discursos. Por exemplo, um dos temas que apresento em muitas empresas é empatia. Na minha palestra, compartilho a história que um limpador de chaminés me contou em Branson, no Missouri; um princípio de marketing que aprendi enquanto trabalhava na Bose; e a letra de um rap do Dr. Dre. Essas três ideias não tinham qualquer ligação umas com as outras quando as coletei, mas as conectei em uma trilha sonora extremamente memorável para as plateias.

Quando entendi que eu podia escolher minhas próprias trilhas sonoras, tomei uma decisão importante. Eu não tinha tempo para esperar a chegada de momentos mágicos. A ficha do "Acho que consigo ser palestrante e escritor" demorou 32 anos para cair. Eu não queria esperar até os 64 para dizer "Tudo bem, acho que entendi a segunda trilha sonora que parece verdadeira, útil e gentil para a minha vida".

Eu tinha diminuído um pouco o barulho do meu excesso de pensamentos com a abordagem do botão de volume, mas sentia que seria mais bem-sucedido a longo prazo se aumentasse o som de novas músicas. E a cura para o hábito de pensar demais não é pensar mais. É tomar uma atitude.

Pensar não melhora o excesso de pensamentos. Para isso, é preciso agir. É preciso aposentar trilhas sonoras negativas. É preciso substituí-las. É preciso repetir as músicas novas com tanta frequência que elas se tornem tão automáticas quanto as antigas. Tudo isso requer uma atitude.

Decidi que, em vez de tentar mergulhar dentro da minha cabeça para encontrar uma nova trilha sonora, eu buscaria por ela em outros lugares. Achei que isso poderia dar certo, porque me daria acesso às músicas de sete bilhões de pessoas, em vez de apenas às minhas. Escolhi ser igual a Dorothy Parker. Eu teria uma mente destemida. Juntaria histórias, comentários de amigos, citações de filmes e tudo mais que me empolgasse. Assim, eu conseguiria enxergar as conexões e combiná-las até montar uma playlist que me tornasse imbatível todas as manhãs.

Como eu consigo dizer isso com tanta confiança?

É que a minha vida é irada.

O que Kanye faria?

Quando damos ao cérebro permissão para começar a encontrar novas trilhas sonoras para a sua coleção, ficamos surpresos com a quantidade de frases que encontramos nos lugares mais inesperados. É praticamente impossível ignorá-las. Foi assim que um vídeo muito antigo de Kanye West gerou uma nova trilha sonora para mim.

No vídeo, o comediante Dave Chappelle conta para o apresentador do *Tonight Show*, Jimmy Fallon, sobre o dia em que conheceu Kanye. Apesar de Kanye ser relativamente desconhecido na época, Chappelle chamou o jovem artista para se apresentar em seu programa no canal Comedy Central. Os dois assistiam a trechos do programa que ainda não tinham ido ao ar, como aquela esquete famosa sobre Rick James. Então o celular de Kanye tocou, e Chappelle disse para Fallon:

– Foi aí que todo mundo descobriu que Kanye seria um astro.

Ao telefone, Kanye falou para a pessoa do outro lado da linha:

– Não, não posso. Porque estou na sala de edição do *The Dave*

A CURA para o hábito de pensar demais não é **pensar mais.** É tomar uma **ATITUDE.**

JON ACUFF #soundtracks

Chappelle Show, assistindo a esquetes que ninguém nunca viu antes. – Então ele fez uma pausa e disse: – Porque a minha vida é irada, e eu faço coisas iradas pra *#$@%!&.

Então ele desligou.

Fallon até se levantou da cadeira ao ouvir a história. Chappelle disse:

– Nenhum álbum, ele ainda não tinha lançado nenhum álbum![1]

A confiança e o entusiasmo de Kanye, e a maneira como ele aceitava que sua vida era divertida, chamaram minha atenção. E se eu ouvisse essa trilha sonora sempre que alguma coisa boa acontecesse? "A minha vida é irada, e eu faço coisas iradas pra *#$@%!&." Seria melhor do que aquilo que eu geralmente escuto, que é "Deve ser legal".

Não sei de onde tirei isso, mas visualizo uma idosa de óculos me olhando de cima a baixo e criticando qualquer migalha de alegria que eu tenha acabado de sentir.

Deve ser legal publicar um livro.

Deve ser legal controlar os próprios horários.

Deve ser legal conseguir bancar uma viagem dessas.

Essa melodia deve ser prima da frase "Você tem muito tempo livre!". Se alguém lhe diz algo assim, está insinuando: "Sou muito mais ocupado do que você e, portanto, mais importante." Só que não dá para falar esse tipo de coisa para os outros, então as pessoas acabam dizendo "Deve ser legal" ou "Você tem muito tempo livre!".

A internet também faz parte disso. Uma vez, publiquei uma foto do meu despertador. Eu tinha acordado às 4h30 para pegar um voo e perguntei aos meus seguidores o que eles faziam acordados tão cedo. Uma pessoa respondeu: "Estou olhando para o seu relógio e pensando que *deve ser legal* acordar às 4h30. Eu acordo todo dia às 3h50 e ficaria chateado se perdesse a hora e acordasse às 4h30."

Mal sabe ele que Mark Wahlberg ficaria decepcionado com nós dois por perdermos um treino de *burpee* às duas da manhã com o The Rock. Nós dois somos os preguiçosos dessa história.

Eu gostei da trilha sonora de Kanye e resolvi adotá-la. A partir desse dia, sempre que algo bom acontece comigo eu falo em voz alta: "A minha vida é irada." Não falei a segunda parte porque tenho filhas jovens e bisbilhoteiras, e elas já precisam lidar com o fato de seu pai gostar de *graphic novels*.

Foi estranho dizer "A minha vida é irada" nas primeiras dez ou vinte vezes, mas, então, algo engraçado aconteceu: descobri a gratidão. Todo mundo sempre fala da importância de ser grato, mas nunca consegui me conectar com essa ideia, porque havia trilhas sonoras negativas demais me atrapalhando.

> **"A minha vida é irada." – Kanye West**

Você só consegue se sentir grato depois que admite que algo é bom. Sempre que eu tentava fazer isso, ouvia trilhas sonoras como "Deve ser legal", que era culpa por eu sentir que não merecia alguma coisa, ou "Não se empolgue demais", que era medo de perder uma coisa boa se eu gostasse muito dela. Não anotei a trilha sonora do "A minha vida é irada", de Kanye, achando que ela seria uma lição sobre gratidão. Eu a anotei porque achei que era engraçada, ridícula e inspiradora. Então, quando a coloquei em ação, aprendi algo inesperado: ela me tornava grato.

Essa é a parte mais fascinante de trocar suas trilhas sonoras negativas por coisas novas. Você sempre acaba seguindo por caminhos inesperados. Ao reconhecer isso, comecei a pegar trilhas sonoras emprestadas em todo canto.

Em uma tarde, comentei com um motorista de aplicativo que eu estava escrevendo um livro, mas era um projeto difícil. Ele disse:

– Nada que é bom vem fácil.

Anotei isso.

Fiz um evento com o músico Andy Gullahorn. Ele gosta muito de badminton. Comentei que eu adoraria jogar, mas que nunca tinha feito isso antes, então seria péssimo. Ele disse:

– Ninguém é bom em coisas que nunca fez antes.

Anotei isso.

Li um livro escrito por Deena Kastor, recordista feminina de maratonas nos Estados Unidos. Após uma carreira bem-sucedida, ela estava cansada do esporte e quase desistiu. Em vez disso, preferiu contratar o lendário treinador de corrida Joe Vigil e acabou aprendendo uma abordagem completamente diferente. Ele lhe ensinou que "moldar a mente para se tornar mais incentivadora, bondosa e resiliente poderia torná-la mais rápida do que parecia possível".[2]

Essa mudança de paradigma e de treinamento a ajudou a vencer a primeira medalha olímpica em maratonas para os Estados Unidos em vinte anos. Uma das trilhas sonoras dela para quando as coisas ficam difíceis é uma pergunta: "Você finalmente vai jogar a toalha ou vai pegar um martelo?"[3] Anotei isso.

Crispin Porter Bogusky, uma agência de marketing por trás de campanhas imensas, como a do Burger King, acredita tanto na positividade que a incluiu no manual para seus funcionários como um dos segredos para um bom trabalho. O termo usado é *otimismo ilusório*. A agência acredita que "seria impossível fazer nosso trabalho aqui sem uma disposição incansavelmente otimista. É isso que molda nosso futuro. É o que nos dá determinação. É o que nos mantém seguindo em frente quando estamos forçando os limites das possibilidades".

É muita coisa para digerir, especialmente em um mercado como o marketing, em que é fácil se tornar convencido e arrogante. A agência sabe disso e escolheu o termo "ilusório" de propósito. "A palavra 'ilusório' faz com que a ideia seja mais palatável para pessoas que ainda têm um pé no mundo negativo e cínico e só agora estão descobrindo como uma mentalidade positiva pode ser poderosa."[4]

Otimismo ilusório. Peguei emprestado.

Quais trilhas sonoras você deve pegar emprestadas?

Todas.

No começo dessa jornada, não perca tempo julgando quais são dignas da sua nova playlist. Apenas anote qualquer trilha sonora que pareça minimamente interessante. Se você achar que isso é muito trabalhoso, pegue seu celular e me diga quantas fotos há nele. Tenho 19.928 no meu. Não venha me dizer que você não consegue colecionar coisas.

Falando em telefones, se você não tiver um caderno à mão, porque não é um nerd escritor que tem um bilhão de cadernos, tire uma foto da trilha sonora. Crie um álbum e guarde a nova imagem lá sempre que você encontrar algo que atice a sua curiosidade. As fotos não precisam ser lindas.

As minhas trilhas sonoras variam entre "Um pequeno lampejo" até "É isso aí!". A expressão "otimismo ilusório" está mais para o grupo do pequeno lampejo. É uma trilha sonora que acrescentei à minha playlist, mas que não escuto com frequência. No lado oposto do espectro ficam as trilhas sonoras que anuncio aos quatro ventos. As que me fazem gritar "É isso aí!" sempre que as escuto.

Foi exatamente isso que falei para Patsy Clairmont durante um almoço. Ela escreveu mais de trinta livros e é uma das palestrantes mais bem-sucedidas dos Estados Unidos. Já tem 70 e poucos anos agora, mas me disse que, quando escreveu seu primeiro livro, ficou arrasada com as revisões. "A editora me devolveu a prova com várias anotações em vermelho, parecia que os papéis estavam sangrando. Pedi a ela para usar uma cor diferente da próxima vez, porque aquela me desanimava. Na segunda rodada de revisões ela usou uma caneta verde, e aí pareceu que eu estava crescendo."

É isso aí!

Da próxima vez que você cometer um erro ou receber feedback negativo de um colega de trabalho, pense na tinta verde. Em vez de sentir que fracassou, lembre que você está crescendo. É isso aí! Peguei essa trilha sonora emprestada de Patsy no instante em que a escutei, e você deveria fazer a mesma coisa.

Adote estas primeiro

Quer começar sua nova coleção de trilhas sonoras? Aqui vão cinco que me ajudam muito. Misture-as como quiser, de acordo com sua realidade. É assim que as coisas costumam acontecer. Você acaba fazendo ajustes, edições e misturas para criar algo que faça sentido para as oportunidades, as forças e os desafios da sua vida.

1. **As pessoas querem me dar dinheiro.**
   Essa é a trilha sonora que escuto em novas negociações de trabalho ou ao me deparar com oportunidades. Não é magia. Raramente acabo cheio da grana depois dessas conversas, mas reajustar a forma como eu penso faz com que o meu comportamento na reunião seja diferente. Não

fico remoendo a quantidade de trabalho que terei nem o medo de fracassar. Lembro que essas pessoas querem me dar dinheiro.

2. **Vou me sentir ótimo depois.**

Essa é a trilha sonora que uso quando a temperatura está negativa lá fora e fico com preguiça de correr. Em vez de pensar no frio que vou sentir, penso: "Vou me sentir ótimo depois. Quando eu voltar, será maravilhoso. Vou me sentir muito orgulhoso de mim mesmo. Vou estar cheio de endorfina e feliz por ter ido." Usei essa trilha sonora para correr 1.600 quilômetros em 2019. O mesmo vale para terminar um projeto difícil. Sei que vou me sentir ótimo depois que eu terminar de gravar uma série de vídeos que exigem meses de trabalho. Quando o presente parece desafiador, coloco o foco nesse futuro positivo.

3. **De grão em grão, a galinha enche o papo.**

Se o meu objetivo é escrever 1.000 palavras, escrevo 1.050. Se o meu objetivo é correr 5 quilômetros, corro 5 quilômetros e 300 metros. Se o meu objetivo é mandar e-mail para 10 clientes, mando para 12. Penso nesse esforço extra como um grão. Não parece muita coisa, mas eles vão se acumulando. Ao longo de um ano, as 50 palavras extras se tornam 5 mil. Ao longo de um ano, os 300 metros extras se tornam 30 mil. Ao longo de um ano, os dois e-mails extras se tornam 200. Não me obrigo a correr 15 quilômetros se o objetivo inicial for 5, porque essa é a trilha sonora do "mais" em ação. Porém, sempre é divertido acumular um grãozinho de mudança.

4. **Prefira ROI, não EGO.**

Uma tarde, depois de ler um rascunho inicial deste livro, Jenny se virou para mim e disse:

– Você quer feedback ou elogios?

Comecei a rir, porque essa é uma pergunta perfeita como trilha sonora. No começo de um projeto, talvez eu prefira elogios, porém, quanto mais me aprofundo no trabalho, mais preciso de feedback de verdade.

Remixei a pergunta dela em uma nova trilha sonora que pudesse ser usada em outras partes da minha vida profissional, não apenas na escrita: "Prefira ROI, não EGO." Em vez de preferir a resposta que massageia o meu EGO, quero escolher a que apresenta o melhor ROI: retorno sobre o investimento. Essa frase devia estar estampada em todas as salas de reunião do mundo. Quando a compartilhei com colegas de trabalho, eles concordaram com a cabeça e começaram a me contar histórias de chefes que ignoraram todos os dados possíveis para se guiarem por seus EGOs.

5. Mude de caminho, não entre em pânico.

Quando o coronavírus virou meu mundo de cabeça para baixo em 2020, eu precisei tomar uma decisão simples: entrar em pânico ou mudar de caminho. Antes, eu ficaria obcecado com as notícias, perderia horas com o pessimismo das redes sociais e ficaria empacado por semanas, talvez meses. Eu passaria o dia inteiro de pijama comendo miojo. Fiz isso quando perdi meu emprego em 2001, quando a bolha especulativa da internet explodiu. Porém, dessa vez, eu tinha acabado de passar dois anos pesquisando o poder das trilhas sonoras e sabia o que precisava ser feito.

Escrevi "Mude de caminho, não entre em pânico" em uma ficha pautada. Repeti essa trilha sonora para mim mesmo e para todo mundo que quisesse ouvir. Comecei um novo canal no YouTube. Ofereci eventos virtuais quando os presenciais foram cancelados. Escrevi uma nova palestra chamada "Mude de caminho, não entre em pânico" e comecei a apresentá-la a clientes no mundo todo. Mudei de caminho um milhão de vezes e farei tudo de novo sempre que a vida me pregar uma peça.

"Você quer feedback ou elogios?" Se quisermos melhorar, sabemos qual opção escolher.

Você tem o mundo nas mãos – ou, neste caso, uma loja de discos

Não há limites para a quantidade de trilhas sonoras que você pode pegar emprestadas. E também não existe um valor mínimo. Você está no controle do processo inteiro. Siga no seu ritmo e as colecione da forma que fizer mais sentido. É impossível fracassar nessa atividade.

Ela também pode ser bem divertida, porém as coisas só ficam divertidas de verdade quando começamos a criar as nossas. Se você anotou algumas enquanto lia este capítulo, já começou a criar uma playlist maravilhosa.

Caso não tenha feito isso, tudo bem. Vou mostrar como criar as melhores trilhas sonoras que você escutará na vida com apenas uma nova pergunta: O que você quer vencer?

5. Vença a semana

Apesar de acreditar na trilha sonora do "Acho que consigo ser palestrante e escritor" em 2008, acabei tendo certa dificuldade com ela em 2017.

Esse foi o ano em que meu livro *Finish* (Termine) foi lançado, e o ano em que empaquei. Não decidi parar de escrever. Não houve qualquer anúncio oficial ou turnê de aposentadoria. Apenas olhei para cima um dia, me dei conta de que não escrevia nada havia um ano e que não tinha nenhum livro novo no horizonte.

Não há nada de errado com isso se você tiver um emprego em tempo integral e escrever for apenas um passatempo. Só que esse não era o meu caso. Eu faço apenas duas coisas: escrevo livros e depois dou palestras sobre eles. Se eu parasse de escrever, teria que parar de fazer palestras também, e provavelmente acabaria trabalhando com algo fora da minha área, sei lá, em uma mina de carvão.

Quanto menos eu escrevia, mais eu pensava. Hoje percebo que isso faz sentido. Se atitudes eliminam o excesso de pensamentos, então a ausência delas os incentiva. Como eu não estava fisicamente engajado com o ato de escrever, comecei a pensar mais. Acabei preso em um ciclo horrível.

Pensar demais causa a sensação de estar empacado, o que significa que você não toma atitudes. Quando deixamos de agir, temos mais tempo e energia para pensar demais. Esse excesso de pensamentos aumenta a sensação de estar empacado e gera uma inércia ainda maior. Adivinha no que essa inércia se transforma? Em uma overdose de pensamentos. Adivinha no que essa overdose de pensamentos se transforma? Inércia. Repeti esse pequeno ciclo milhares de vezes.

Se eu chegasse perto de um laptop ou cogitasse anotar uma ideia, ouvia trilhas sonoras sobre como seria difícil escrever o próximo livro.

"Você ainda não teve uma boa ideia. Enquanto você não tiver a ideia perfeita, não vai conseguir escrever."

"Você já escreveu seis livros – não existe mais nada a ser dito."

"Você tem muito mais a perder agora."

"Todos os seus colegas são muito mais bem-sucedidos do que você."

Após cerca de 18 meses começando e parando, desistindo e xingando, eu estava de saco cheio. Queria voltar a vencer. Cansei de ficar empacado e sabia que precisava de algumas trilhas sonoras para me impulsionar. Brinquei com várias, mas acabei me contentando com a mais óbvia de todas: "Escritores escrevem." Só isso. Se eu queria ser escritor, precisava escrever.

Falar é fácil, fazer é difícil. Eu tinha uma vitória em mente: queria escrever um livro. Eu tinha uma trilha sonora para me ajudar a chegar lá: "Escritores escrevem." Agora, era necessário tomar uma atitude. Por três meses, quando eu não estava viajando para dar palestras e fazendo outras coisas que rendiam dinheiro, tirava um tempo para ir a uma cafeteria e escrever meu novo livro. Por quê? Porque escritores escrevem.

Eu costumava ficar na porta, esperando os funcionários a abrirem pela manhã, e ficava lá dentro até parar de sentir as pernas. Eu poderia até contar qual é a cafeteria, porque ela é fantástica, mas não quero que você roube o meu lugar. Com o tempo,

100 palavras viraram mil, que viraram 10 mil. No fim das contas, eu tinha um livro de 50 mil palavras que ninguém nunca vai ler.

Pelo menos eu espero que não, porque ficou péssimo.

Garanto que não são 200 páginas de "Muito trabalho e pouca diversão fazem de Jack um cara bobão", mas não ficou bom. É uma coleção de 100 crônicas curtas e engraçadas que me fizeram rir alto na cafeteria, mas que provavelmente não impressionariam ninguém. Escrevi 345 palavras explicando por que o café puro é o CrossFit das bebidas quentes, já que é impossível beber uma xícara sem contar para outras pessoas como você o bebe, e 400 palavras sobre como estou meio que torcendo para que o cara que anda de moto no meu bairro caia. Não quero que ele se machuque de verdade – mas a queda certamente vai causar uns arranhões, já que ele não usa camisa desde 2003 –, apenas o suficiente para garantir que aquela moto nunca mais seja empinada na frente da minha porta à meia-noite. Está aí um texto que as editoras não vão fazer fila para publicar.

O ciclo do excesso de pensamentos: pensar demais leva à inércia. A inércia nos leva a pensar ainda mais.

Mas não tem problema, porque meu objetivo não era lançar um livro. Era criar uma válvula de escape. Eu estava em bloqueio criativo, então criei uma nova trilha sonora – escritores escrevem – e a coloquei em prática. Foi um bom começo, mas eu ainda precisava escrever um livro novo que pudesse vender. Essa era uma vitória muito maior e exigiria mais de uma trilha sonora nova. Então comecei a trocar de figurino.

Trocas de figurino são importantes

Escrever meus seis primeiros livros foi um processo difícil, em parte porque essa é a trilha sonora que nós, escritores, coletivamente aceitamos. Uma citação famosa que é atribuída a dezenas de pessoas diferentes diz: "Escrever é fácil. Basta abrir uma veia e sangrar." Nossa, que drama. Um amigo que estava terminando de escrever um livro certa vez me disse: "Quando você escreve, sempre odeia o seu livro e sempre odeia a si mesmo."

Resolvi que eu precisava aposentar essas trilhas sonoras negativas e criar uma nova para escrever meu livro. Eu tinha essa convicção maluca de que escrever não precisava ser horrível. Meu objetivo era encontrar algo simples para ditar o tom do livro que você está lendo agora. Eu precisava de uma trilha sonora para um livro sobre trilhas sonoras. Pensei em muitas palavras diferentes da minha coleção de ideias – valeu, Dorothy Parker, mas, por fim, escolhi "tranquilo e fácil".

Imagine se a sua tarefa mais difícil no trabalho fosse tranquila e fácil. E se o temido relatório de fim de ano que você prepara para seus chefes fosse tranquilo e fácil? E se a apresentação de um orçamento em uma conferência de vendas fosse tranquila e fácil? E se subir na balança fosse tranquilo e fácil? E se a reunião de pais e mestres da escola fosse tranquila e fácil? Pegue qualquer desafio na sua vida e pense no que aconteceria se você aposentasse a frustração e a substituísse por uma trilha sonora que diz "tranquilo e fácil".

Anotei essas três palavras em um post-it e o grudei na janela perto da minha mesa. Depois disso, o processo de escrita seria tranquilo e fácil. Essa era a nova trilha sonora que eu escutaria. Chega de dizer coisas como "Vou escrever meu livro na mina de carvão". (Aliás, os trabalhadores das minas de carvão deveriam dar um soco na cara dos escritores, já que vivemos comparando a dificuldade de escolher o adjetivo perfeito com a dificuldade de chegar ao centro da Terra para trabalhar.) Chega de fazer corpo mole para sentar à mesa, agindo como se eu estivesse indo para a forca. Chega de dizer "Odeio essa parte".

Este livro e todos os próximos seriam escritos com uma trilha sonora novinha em folha: tranquilo e fácil. Não acreditei nisso nem por um segundo. Eu tinha mais trilhas sonoras negativas do que pensava. Sempre que eu empacava em uma ideia, elas davam as caras: "Viu só? Escrever é difícil demais. Acho melhor você dar uma olhada no Instagram." "Escrever é tão fácil para as outras pessoas..." "Livros de não ficção são um saco. É melhor escrever romances policiais."

Meu excesso de pensamentos só aumentava de volume, então continuei criando trilhas sonoras novas.

Escrevi "Adoro escrever este livro!" e pendurei o papel na minha parede. Isso me ajudou a enfrentar os primeiros 30 minutos que são sempre frustrantes quando sento para escrever. Adoro o processo quando estou no meio dele, mas me esqueço disso no começo.

Escrevi "Três páginas são suficientes" para combater a trilha sonora negativa que dizia: "Você precisa terminar o livro inteiro quando for escrever." Isso que é uma trilha sonora nada gentil. Eu me sentia um fracasso sempre que escrevia, porque não terminava o livro inteiro de uma vez. "Três páginas são suficientes" era um caminho bem mais gentil, e eu geralmente terminava escrevendo quatro páginas de toda forma, por causa da minha trilha sonora do "De grão em grão, a galinha enche o papo".

Por meses e meses, fiquei criando trilhas sonoras novas e as transformando em ações novas, só para terminar o livro.

Estava dando certo, e resolvi aproveitar o embalo com algo que chamo de *ação dominadora*. Se tenho um objetivo grande, como escrever um livro, correr meia maratona ou não comer molho de queijo todas as noites como se fosse algum tipo de legume que derrete, tento me comprometer com várias ações para garantir que eu cumpra o meu objetivo. Eu não iria simplesmente torcer para que escrever um livro parecesse tranquilo e fácil; eu me tornaria criativo e determinado. E aí entra a Nike.

Quer conquistar um objetivo difícil? Use uma ação dominadora.

Os designers da marca passaram anos tentando ajudar corredores a quebrar o recorde de duas horas de maratona, um dos últimos grandes recordes das competições de corrida. Para oferecer aos atletas a melhor chance de bater o tempo, eles criaram um novo tênis chamado Nike Vaporfly 4% Flyknit. (Os 4% do nome vêm da promessa de que ele ajudará você a aumentar a sua velocidade nessa proporção.) Criado com uma placa de fibra de carbono curva, os tênis são angulados de forma a impulsionar o usuário para a frente.

Eles são incrivelmente leves, extremamente macios e inegavelmente esquisitos. Parece algo que um elfo usaria se participasse do filme *Tron: o legado*. A parte traseira vem até com um ângulo agudo que é perfeito para um ser mítico da floresta futurista.

Eu me deparei com eles quando fui comprar tênis novos. Quando os peguei, notei que nunca tinha segurado calçados tão leves. Quando os provei, notei que seria fácil usá-los para correr.

Enquanto escrevo isto, estou com eles nos pés.

Eu os comprei porque, às vezes, uma nova trilha sonora precisa de ajuda para se firmar. Eles ficam guardados dentro da caixa ao lado da minha mesa, e o único momento em que os calço é quando escrevo este livro. Quando venho escrever, encaro o verde-fluorescente, tiro os sapatos e coloco meus tênis tranquilos e fáceis para escrever.

Quando os comprei, contei a minha ideia para a atendente da loja, uma maratonista séria que eu conhecia de vista. Ela olhou para mim como se eu fosse doido. *É melhor não falar para ninguém sobre isso até eu colocar o livro no mundo.* Nós nem pestanejamos quando um atleta como LeBron James dedica horas ao seu ritual pré-jogo, mas se eu usar um par de tênis verde-radioativo de fibra de carbono no meu escritório todo mundo faz um escarcéu.

Por um ano inteiro, nunca usei os tênis na rua. Só os calço para sessões de escrita de duas ou três horas. Não os uso nem quando vou para a cafeteria escrever, porque é assim que você acaba ganhando apelidos em uma cidade pequena, mas funcionou. Pode chamar de entrar no clima, de efeito placebo, de bobagem. Eu não ligo, o importante é que funcionou. Assim como vestir uma calça de pijama antiga indica que o dia acabou, eu sabia que era hora de colocar a mão na massa quando calçava os tênis. Eles são um gatilho verde-gritante e macio que mostra que é hora de trabalhar e que o processo inteiro será tranquilo e fácil.

Como recompensa por acabar o livro, vou usá-los para correr uma meia maratona. Um amigo comentou que correr uma meia maratona é uma recompensa terrível e mais parece um castigo, mas ele não sabe de nada.

Talvez você nunca corra uma maratona nem escreva um livro, mas, se quiser uma forma simples de descobrir quais trilhas sonoras novas ajudariam a sua vida, pegue sua agenda e pergunte a si mesmo: "O que eu quero vencer nesta semana?" Algo importante está vindo na sua direção, e quanto mais trilhas sonoras novas você usar, mais fácil será a conquista.

Não suporto a Karen

Na escola, trabalhos em grupo são uma ótima forma de aprender que o mundo está cheio de gente preguiçosa. Digo isso para as minhas filhas o tempo todo, porque elas odeiam trabalhos em grupo e eu não sei dar bons conselhos. Às vezes, elas me dizem: "Mal posso esperar para me formar e não precisar mais lidar com gente que não faz nada." Eu rio à beça.

Você vai trabalhar com pessoas difíceis. Talvez até consiga enxergar uma delas de onde você está agora. Sabe o cara que corta as unhas no cubículo dele no escritório? Toda empresa tem um cara desses.

Em vez de ficarmos analisando agendas, tentando entender o que queremos vencer, vamos ser mais específicos. Comecemos com a coisa que mais ocupa este planeta: pessoas.

Ao olhar para a sua semana, o que você quer vencer quando se trata das pessoas na sua vida?

O motivo para se perguntar isso é que você tem uma trilha sonora para todo mundo na sua vida. Você sabe que isso é verdade. No momento, há certas pessoas que podem causar uma cacofonia de trilhas sonoras com apenas uma mensagem. Você nem precisa ler o que está escrito para se irritar e pensar em uma resposta atravessada. Vamos supor que o nome dessa pessoa seja Karen, porque deve ser mesmo.

Ao olhar para a sua agenda, você se dá conta de que tem uma reunião importante com ela na quinta-feira. Karen precisa aprovar um projeto, e você sabe que, se chegar a esse encontro com suas trilhas sonoras no último volume, terá um problema. Como vencer? Tendo uma boa reunião. Conseguindo uma aprovação rápida. Sentindo menos estresse. A resposta pode variar. Agora, que trilhas sonoras você escuta?

Talvez a primeira coisa que você pense seja: "Não suporto a

Karen." É um bom pensamento. Que bom que percebeu como ela pode afetar você. Mas "Não suporto a Karen" não é uma trilha sonora, é uma constatação. Não podemos fazer nada com isso. Para substituir trilhas sonoras, é preciso identificar aquelas que você escuta e se comprometer a mudá-las.

Se estivéssemos tomando um café e você me dissesse que não suporta a Karen, eu lhe diria para refletir sobre essa declaração. O que está por trás dela? O que ela significa? Talvez você responda imediatamente, ou pode ser que leve alguns minutos, mas, com o tempo, é bem provável que você diga algo como "Ela só fala comigo quando precisa de alguma coisa", "Ela não é capacitada para fazer o trabalho" ou "Ela conseguiu a promoção que eu queria". Nós nem nos aprofundamos tanto e já encontramos boas trilhas sonoras para analisar.

"Ela só fala comigo quando precisa de alguma coisa." O que está por trás disso? Talvez a trilha sonora de verdade seja que você se sente mal quando as pessoas lhe pedem algo que está fora do seu alcance. Você detesta dizer não para os outros e acredita na trilha sonora que diz que impor limites é egoísmo. E se você pudesse aposentá-la? A realidade é que toda empresa sempre terá uma Karen, mas, se você conseguir aposentar a trilha sonora negativa do "Não posso dizer não", vai se sentir muito melhor.

Anote a nova trilha sonora: "Tenho o direito de impor limites."

E a próxima? "Ela não é capacitada para fazer o trabalho." Talvez não seja mesmo. Vai ver é ela quem não suporta o emprego. Mas pense um pouco nisso. Se formos um pouco além, pode ser que encontremos uma trilha sonora que diz: "Ela cresceu muito mais do que eu apesar de ser menos qualificada, porque é mais corajosa. Ela evoluiu mais na carreira com menos porque é muito confiante. Se não tivesse medo, eu também conseguiria uma promoção."

É isso mesmo? Essa tal de Karen está se transformando em um tesouro de autoconhecimento para você! Nem precisamos

Para **substituir** trilhas sonoras, é preciso **identificar** aquelas que você **escuta** e se comprometer a **mudá-las.**

JON ACUFF #soundtracks

analisar muita coisa para irmos de "A Karen não tem a formação certa" para "Eu queria ter coragem para lutar pelas oportunidades como ela".

Talvez seja bom anotar "Quero ser mais confiante na reunião", ou até uma trilha sonora maior para a vida: "É hora de ter coragem."

Vamos para a terceira trilha: "Ela conseguiu a promoção que eu queria." Novamente, talvez ela tenha conseguido mesmo, mas o que está por trás disso? Sempre me surpreendo quando faço esses questionamentos para as pessoas, porque as trilhas sonoras negativas delas costumam dizer: "Não terei outra oportunidade de ser promovido. Essa foi a última. Estou estagnado e nunca vou sair do lugar neste emprego." A diferença entre "Karen foi promovida" e "Nenhuma empresa no mundo inteiro me dará uma promoção" torna impossível conectar as duas coisas, mas trilhas sonoras negativas não jogam limpo. Elas são uma forma de medo, e o medo sempre é distorcido.

Quando passei por uma situação parecida e vi na minha agenda que uma importante reunião por telefone se aproximava, me fiz a pergunta: "O que é verdade?"

A verdade é que meu colega de trabalho difícil só queria terminar o projeto, não complicar a minha vida. A verdade é que nós dois desejávamos a mesma coisa: deixar nosso chefe feliz. A verdade é que todo mundo estava estressado com o prazo que nos deram.

Quando levei essas trilhas sonoras verdadeiras para a reunião, as coisas fluíram muito melhor, e senti que venci. Valeu, Karen.

Você é o LEGO de alguém

Você tem uma trilha sonora específica para cada uma das pessoas na sua vida e para suas responsabilidades. As suas obrigações com filhos, cônjuges e chefes estão lotadas de trilhas sonoras. Pegue a sua agenda de novo e dê uma olhada na sua lista de tarefas. O que você quer vencer?

Em que área da vida você quer ter sucesso? Sobre qual assunto poderia estar tomando decisões melhores, de forma mais rápida e fácil? O que deseja aprimorar? O que deseja dominar? O que deseja eliminar?

Quando me fiz essas perguntas, a resposta foi óbvia: vendas.

Passei 15 anos trabalhando com marketing corporativo. O departamento de vendas era uma área completamente diferente, com a qual eu mal tinha tido contato. Então, oito anos atrás, comecei meu próprio negócio e aprendi algo bem rápido: agora, eu trabalhava com vendas. Era preciso vender a mim mesmo, os meus serviços e os meus livros. Eu queria ser genial nisso e sabia que teria que trocar algumas trilhas sonoras para alcançar esse objetivo.

Resolvi enfrentar minhas trilhas sonoras relacionadas a vendas. Uma era: "Se eu ficar falando sobre o meu negócio sem parar, as pessoas vão ficar irritadas comigo." Temos essa impressão porque, quando somos novos no mercado de vendas, passamos muito tempo focando na pior metodologia. É mais fácil se lembrar de um exemplo negativo do que de um positivo, e podemos associar a prática com um vendedor mau-caráter de um filme ou com uma experiência ruim de compra do passado. Quando isso acontece, mentalmente deixamos de ser empreendedores empolgados, compartilhando algo de que gostamos de um jeito que ajude as pessoas, e nos tornamos vendedores de aspiradores em pó, tentando convencer viúvas a comprar aparelhos complicados que elas não podem bancar.

Mas isso é verdade? As pessoas se irritam quando falamos dos nossos negócios? Eu nunca me irritei com ninguém que me vendeu algo maravilhoso de que eu precisava. Adoro ir a lojas de produtos de acampamento. Adoro equipamentos de atividades ao ar livre, mesmo que eu nunca vá usá-los. Essa é a mágica desse tipo de loja: elas me dão a sensação de que eu seria capaz de mergulhar em águas profundas se tivesse o capacete com lanterna certo. E eu tive por um tempinho – ou melhor, minha esposa teve, porque lhe dei um de presente de Natal. Ela o devolveu imediatamente. Ele tinha uma bateria portátil que era do tamanho de um videocassete. Eu sempre dou os melhores presentes.

Nunca saí de uma loja dessas pensando: "Estou tão irritado por venderem casacos de esqui! Que loja idiota! Não aguento mais ouvir falar sobre os casacos maravilhosos dela!" Em vez disso, ando pelos corredores tentando pensar em novos motivos para comprar tudo.

Em um Natal, a LEGO nos mandou seis catálogos por correio. Eram todos parecidos. Apenas mostravam os mesmos 100 produtos que desejavam vender naquele ano. Era como uma versão em catálogo dos ingredientes do Taco Bell. Não me importei nem um pouco com isso. Fiquei empolgado para ver todos. Por quê? Porque eu adoro LEGO.

Eu queria vencer nas vendas, então resolvi que precisava de uma nova trilha sonora. Após pensar um pouco, escrevi: "Eu sou o LEGO de alguém."

Deu certo? Bom, eu vendi este livro para você, entããããão...

E você? O que quer vencer nesta semana?

As respostas podem ser variadas:

- Quero ser mais confiante na minha reunião de vendas.
- Quero fazer 20 ligações de telemarketing, apesar de estar sem vontade de fazer nenhuma.
- Quero correr 15 quilômetros, apesar de a temperatura lá fora estar negativa.
- Quero me divertir mais no jantar com meus amigos.

Quando você escolher o que deseja vencer, pergunte a si mesmo: "Que trilha sonora vai me ajudar a conquistar meu objetivo nesta semana?" As respostas podem ser:

- Sei tanto sobre esse produto quanto qualquer outra pessoa.
- Não estou *tentando vender* algo para 20 pessoas; estou *ajudando* 20 pessoas.
- Vou me sentir ótimo depois da corrida.
- Nunca me arrependi de passar tempo com meus amigos.

Agora que você sabe o que deseja vencer e encontrou uma trilha sonora motivadora, pergunte: "Que atitudes devo tomar?"

- Pesquisarei uma informação para apresentar na reunião sobre o lançamento do nosso produto.
- Farei 10 ligações antes do almoço e 10 ligações depois, porque fazer todas uma atrás da outra é muito intimidante.
- Eu me contentarei em apenas correr na esteira da academia, porque isso conta.
- Vou procurar saber quem mais vai ao jantar, assim me empolgo para encontrar alguns amigos.

Se você fizer algumas rodadas desse exercício e colocar as atitudes em prática, criará algo muito útil: ímpeto. Foi isso que aconteceu comigo em 2008. Encontrei uma vitória tímida e óbvia depois de ler aquele e-mail do planejador de eventos que me convidou para dar uma palestra na conferência. Eu queria arrasar no meu primeiro trabalho remunerado como palestrante.

Então comecei a ouvir uma trilha sonora nova: "Acho que consigo ser palestrante." Por fim, acrescentei cerca de um bilhão de ações para me certificar de que eu venceria e comprovaria a trilha sonora. Passei semanas escrevendo o primeiro discurso.

Revisei todo o conteúdo com um consultor. Apresentei a palestra para meu amigo Jeff, na minha sala de estar. Não apenas mostrei o texto para ele. Eu o declamei ao vivo. Tudinho. Imagine Jeff no sofá, eu entrando todo confiante, passando entre a lareira a gás e a televisão de plasma de 22 polegadas que faria inveja a Michael Scott, fingindo que havia mil pessoas na sala. Sim, dou palestras melhores hoje em dia, mas, no geral, fui bem o suficiente para concluir que venci.

Pergunte a si mesmo:
1. O que eu quero vencer nesta semana?
2. Que trilha sonora vai me ajudar?
3. Que atitudes devo tomar?

Essa vitória fortaleceu minha crença na trilha sonora e me incentivou a tomar ainda mais atitudes para a palestra seguinte.

Vire o disco para vencer

Vitórias são ótimas para criar novas trilhas sonoras, mas e se não conseguirmos nenhuma?

E se abrirmos nossas agendas, a encararmos por alguns minutos e começarmos a pensar demais em tudo que precisamos fazer? De repente, um exercício supostamente útil para criar novas trilhas sonoras acaba tendo o efeito contrário. Não tema. Na verdade, essa é a situação perfeita. Para lidarmos com ela, só precisamos fazer uma coisa.

Em vez de brigar com as trilhas sonoras negativas, vamos virar o disco.

6. Não brigue, vire o disco

Já tive um chefe que não me deixava usar o banheiro durante o expediente.

Ele mantinha na mesa um cronômetro que usava para acompanhar todos os minutos de produtividade ao longo do dia. Se eu estivesse apertado, ele parava o tempo, só para ter certeza de que os 90 segundos no banheiro não fossem contabilizados nas minhas horas de trabalho.

A política oficial da empresa era "horário flexível", o que deveria significar que poderíamos ajustar o expediente de acordo com nossa vida, mas que, na prática, era: "Nossa flexibilidade ocupa suas noites e seus fins de semana." É difícil ter um chefe workaholic, porque você se sente preguiçoso o tempo todo. Ele me mandava e-mails de madrugada, mensagens nos fins de semana e adorava lançar projetos grandes no Natal.

Ele tinha até uma lista de controle para garantir que aproveitássemos ao máximo o trajeto de casa para o trabalho. Havia uma lista de podcasts educativos que ele queria que escutássemos no carro. Era como a mídia controlada pelo governo da Coreia do Norte, só que mais rígida.

Em um ano, aumentamos os lucros da empresa em 48 vezes. Vou repetir, porque parece mentira: fizemos com que os lucros da empresa se tornassem 48 vezes maiores. Sabe o que ele disse quando descobriu? "Deveria ter sido 50." Não comemoramos.

Ninguém demonstrou qualquer traço de alegria. Quando perguntei se poderíamos comprar um bolo, ele disse:

– Você acha que o Elon Musk está comendo bolo agora?

Como responder a esse tipo de enigma? Voltei para a minha mesa e segui para o próximo projeto.

A pior parte é que eu não podia pedir demissão. Ele era a única pessoa na nossa cidadezinha que me contrataria. Eu estava preso. Passei sete longos anos entrando no mesmo escritório, esperando que ele ligasse o cronômetro, sabendo que nenhuma conquista que eu tivesse naquele dia seria boa o suficiente.

Por fim, cheguei ao meu limite. Era uma tarde fria de fevereiro, e eu tinha acabado de voltar para Nashville de Houston. A viagem havia sido estressante. Além da pressão de dar uma palestra em um evento grande, o carro em que eu estava quebrou no meio da estrada, no caminho para o aeroporto. Tentei maximizar meu tempo, trabalhando ao lado de um túnel e do barulho de carros passando a toda velocidade, porque não queria desperdiçar o tempo da empresa. Mesmo no acostamento, eu estava no meio do expediente! Então trabalhei no voo e ouvi um podcast no meu carro enquanto voltava para casa. Tecnicamente, o dia havia acabado, mas eu sabia que devia voltar ao trabalho para terminar algumas coisas. Enquanto eu estacionava diante do escritório, falei algo que já tinha repetido um milhão de vezes: "Esse cara é um saco. Preciso pedir demissão."

Só havia um único problema, um detalhezinho que atrapalhava a minha fuga.

O chefe carrasco da história era eu mesmo.

Algo precisa mudar

Se você ouvir trilhas sonoras verdadeiras, úteis e gentis, trabalhar para si mesmo pode ser uma experiência maravilhosa. De toda forma, foi isso que ouvi de diretores-executivos que pareciam felizes de verdade, mas a minha experiência nos primeiros sete anos como funcionário da Acuff Ideas seguiu um caminho bem diferente.

Era eu quem usava um cronômetro para monitorar idas ao banheiro. Era eu quem escutava 25 podcasts educativos por mês. Era eu quem descontava 90 segundos de mim mesmo quando ia pegar um café na cozinha, só para garantir que eu não estava me aproveitando de... quem? De mim mesmo? Da empresa? Nada disso fazia sentido, mas não havia grandes mistérios. Eu era um péssimo chefe porque ouvia trilhas sonoras péssimas.

Elas me diziam coisas como: "Você precisa crescer. Tem gente por aí que está em situação muito melhor. Se você fizer um intervalo de 10 minutos, perderá a concentração. Você não trabalha tanto quanto deveria. A qualquer instante, vai dar tudo errado."

A situação não era novidade para mim. Fazia anos que eu brigava com esse chefe carrasco. Minha esposa me alertou sobre isso quando comecei a empresa, mas as coisas pareciam confusas e difíceis demais para que eu fizesse alguma coisa. Foi só quando comecei a refletir sobre o meu hábito de pensar demais que comecei a reverter esse quadro. Não aconteceu do dia para a noite. Como poderia? É possível pedir demissão de qualquer emprego e deixar um chefe ruim para trás, exceto quando se trabalha de casa e você é seu próprio chefe.

Como ir embora depois de entregar meu aviso prévio para mim mesmo? Como mandar eu mesmo ir catar coquinho? Como pisar no acelerador do meu carro e partir para desbravar outros horizontes dentro da minha própria garagem?

O processo de me tornar um chefe melhor não foi tão dramático assim. Apenas comecei a refletir sobre minhas trilhas sonoras relacionadas a trabalho. Havia uma dúzia delas, mas todas diziam a mesma coisa: "A única forma de ser bem-sucedido é se cobrando muito, e, se isso significa ser um carrasco, paciência."

Eu tentei seguir essa abordagem gerencial por sete anos seguidos e estava cansado daquilo. Quando aposento trilhas sonoras antigas, costumo dizer em voz alta: "Chega de fazer as coisas desse jeito. Vamos tentar um método diferente e ver o que acontece."

Antes de começar meu próprio negócio, passei 15 anos trabalhando em empresas. Tive chefes bons e chefes ruins. Vou dizer algo surpreendente agora, mas eu preferia trabalhar com os bons. Era mais divertido, meu trabalho rendia mais, e a ideia de ir para o escritório me empolgava. Que loucura, não é?

Naquela tarde na garagem, eu me fiz uma pergunta simples: "O que o melhor chefe faria agora?" Foi fácil descobrir a resposta. Naquela situação, o melhor chefe diria: "Você passou alguns dias fora de casa. São cinco da tarde. Aproveite um pouco a sua família! Você já trabalhou demais hoje."

Foi fácil entender isso porque simplesmente imaginei o oposto do que o pior chefe faria. E você pode fazer a mesma coisa agora. Se quiser criar uma nova trilha sonora, escolha uma que seja negativa e barulhenta, e vire o disco. Já identificamos algumas neste livro. Pense nelas e imagine como seria escutar o oposto do que dizem. Você não precisa refletir muito. Apenas visualize um disco de vinil. Um lado está cheio de pensamentos que não são verdadeiros, úteis nem gentis. Se você virá-lo, o que diria o outro lado?

Quanto mais barulhenta for uma trilha sonora negativa, mais óbvio será o oposto dela. No Capítulo 5, contei que uma das minhas era "Você precisa terminar o livro inteiro quando for escrever".

> **Se quiser criar uma nova trilha sonora, escolha uma que seja negativa e barulhenta, e vire o disco.**

Qual é o outro lado de terminar um livro inteiro? Escrever algumas páginas. Esse é o oposto. É isso que está no verso do disco, e é por isso que adotei "Três páginas são suficientes". Não fiz uma análise profunda dos motivos pelos quais eu acreditava que precisava escrever o livro inteiro. Não passei horas com a trilha sonora negativa, tentando entendê-la. Virei mentalmente o disco, e você pode fazer a mesma coisa.

Deb e Bryan Meyer, um casal do Missouri, transformaram seu relacionamento com o dinheiro ao mudarem uma palavra. "Passamos a chamar o 'fundo de emergência' de 'fundo para oportunidades' e começamos a encarar essas economias com um olhar diferente." Aquilo deixou de ser uma reserva para fracassos, cheia de dinheiro triste guardado para uma época terrível, em que eles só comeriam miojo. Os dois substituíram a trilha sonora que associavam às suas economias e, com isso, transformaram a experiência.

John O'Hearn, um executivo de marketing de Charleston, na Carolina do Sul, virou o disco de uma trilha sonora quando percebeu o medo que sentia durante o lançamento de novos produtos. "Projetar negatividade sobre essas coisas era muito contraproducente", disse ele. Ao analisar seus principais objetivos para a carreira, ele identificou uma trilha sonora que não era verdadeira, gentil nem útil. Então virou o disco. "Tive que substituir pensamentos como 'E se eu fracassar?' por 'E se for um sucesso absoluto?'", me contou ele.

Melissa Byers, escritora de Myrtle Beach, na Carolina do Sul, mudou a forma como encarava exercícios físicos ao virar o disco de algumas trilhas sonoras. "Tive que parar de mentir para mim mesma, porque eu acreditava que precisava ter as roupas e os equipamentos certos para malhar, ou não contaria como exercício." Ela aposentou essa trilha sonora e a substituiu por uma nova: "Seja ativa." Depois que fez isso, passou a adorar suas caminhadas matinais antes do trabalho. "Eu trabalho de casa, então faço uma caminhada pelo meu bairro, de chinelo, conversando com a minha mãe no celular." Isso também pode ser encarado como exercício. Ela virou o disco de "Só existe um tipo de exercício físico que conta" para "Muitas coisas contam", incluindo caminhadas falando ao telefone.

Eu queria que o processo fosse mais complicado, porque então poderia escrever um livro maior e ser considerado um escritor sério, que posa com um cachimbo para a foto de orelha, mas não é. Pegue uma trilha sonora negativa, pergunte "Qual é o oposto disso?" e então anote a resposta.

Como vencer um medo comum com uma virada simples

Viradas funcionam bem com trilhas sonoras menores, como transformar "fundo de emergência" em "fundo para oportunidades", mas também dão certo para trilhas sonoras grandes, barulhentas, assustadoras. Como mudanças.

Mudanças são a única coisa que todas as empresas que conheço têm em comum. Na Comedy Central, falamos sobre como adolescentes no YouTube estão competindo com programas de televisão pela audiência. Na FedEx, falamos sobre o desenvolvimento de novos métodos de envio de mercadorias da Amazon. Na Nissan, falamos sobre como os millennials estão mudando o hábito de dirigir.

As mudanças estão vindo, e isso é assustador por causa de todas as trilhas sonoras negativas que elas provocam no mercado corporativo. Uma trilha sonora popular diz: "Precisamos mudar tudo urgentemente." A outra fala: "Nada que fizemos no passado vai nos ajudar no futuro" e "Nenhuma das suas habilidades atuais será útil quando adotarmos a nova estratégia." Algumas pessoas também escutam: "Se tentarmos essa novidade uma vez, teremos que usá-la para sempre. Agora é assim que as coisas funcionam."

Trilhas sonoras negativas gostam de ser abrangentes. *Tudo*, *nada*, *nenhum* e *para sempre* são sinais nítidos de que você está pensando demais.

Não surpreende que as pessoas se sintam resistentes a mudanças. O tempo todo, elas escutam trilhas sonoras que dizem que tudo precisa mudar agora, para sempre, e nenhuma habilidade pessoal fará diferença. Fico surpreso por não acontecerem muitos motins em eventos sobre gerenciamento de mudanças.

Outro indicador de que você criou uma trilha sonora negativa associada a mudanças é a crítica imediata. Se a sua primeira reação a uma mudança ou a uma nova forma de trabalhar é criticá-la ou atacá-la, tome cuidado. Se você não consegue nem escutar a ideia inteira sem dispensá-la, analisá-la ou apontar todas as suas falhas, algumas trilhas sonoras estão tocando. Mas isso é ótimo, porque, depois que elas forem identificadas, você consegue virar o disco delas.

Qual é o oposto de críticas? Curiosidade.

Qual é o oposto de uma declaração desdenhosa, como "Isso nunca dará certo aqui"? Uma pergunta curiosa, como "Será que isso daria certo aqui?". As palavras não mudam muito, mas o resultado se torna outro.

Com quem você acha que as pessoas gostam de trabalhar? A quem você acha que são atribuídos novos projetos? Quem você acha que é convidado para reuniões sobre o futuro da empresa?

Trilhas sonoras negativas gostam de ser abrangentes. **TUDO, NADA, NENHUM** e **PARA SEMPRE** são sinais nítidos de que você está **pensando demais.**

JON ACUFF #soundtracks

Quem você acha que é promovido? A pessoa que faz perguntas interessantes ou a pessoa que desmerece novas ideias antes mesmo de elas tomarem forma? Há muito tempo para críticas e reflexões mais tarde. Haverá muitas situações em que você e a equipe se beneficiarão de pensamentos críticos valiosos, mas não é disso que estamos falando.

Estamos nos concentrando na sua primeira reação a uma nova ideia.

O que aconteceria se você trocasse a trilha sonora "Mudanças são assustadoras" por "A curiosidade é melhor do que uma crítica"?

E se você anotasse essa frase e olhasse para ela sempre que fosse convidado para uma reunião em que novas ideias serão apresentadas? Acho que você conseguiria lidar com mudanças de um jeito bem melhor do que eu quando encontrei Jeremy Cowart.

O hotel que eu não conseguia visualizar

Jeremy Cowart é um fotógrafo renomado no mundo inteiro. Não estou exagerando. O *The Huffington Post*, a *Forbes* e o *Yahoo* o nomearam o fotógrafo mais influente na internet. Seja tirar fotos artísticas de Taylor Swift, capturar momentos de reconciliação entre povos inimigos em Ruanda e se apresentar nas Nações Unidas, ele já fez de tudo. Uma noite, em um voo para Portland, no Oregon, onde dividiríamos o palco no evento World Domination Summit, ele me contou sobre sua próxima grande ideia.

Havia anos que, em segredo, ele criava seu projeto dos sonhos sobre um novo hotel. Era um espaço chamado Hotel do Propósito, em que cada centímetro seria projetado para ajudar pessoas em situação vulnerável. Haveria uma fonte de água para caridade no saguão, cada quarto apadrinharia uma criança carente, e até o sabonete nos banheiros seria sustentável. Empolgado, ele passou muito tempo falando sobre isso, e então fez aquela pausa que as pessoas fazem quando querem saber a sua opinião.

Meu rosto dizia "Essa é a ideia mais idiota que já ouvi", mas minhas palavras disseram:

– Sei lá... Você acha que vai dar certo?

Ele ficou arrasado e, anos depois, me revelou:

– Achei que você fosse ficar interessado ou se empolgar com a ideia. Aquela conversa me decepcionou muito.

A parte estranha é que eu não tinha nada a ver com aquele projeto. Não critiquei a mudança porque tinha medo do trabalho que seria exigido de mim. Só achei bem mais fácil criticar do que sonhar. Escrevi um livro cujo subtítulo era *Como fechar a lacuna entre o seu trabalho diário e o seu trabalho dos sonhos*, mas, em algum lugar no meio do caminho, adotei uma trilha sonora que dizia: "Sonhos são perigosos. Não crie muita esperança."

Sabe quem não teve a mesma reação diante da ideia de Jeremy?

Horst Schulze, o cofundador do Ritz Carlton. Ele está ajudando a desenvolver o projeto. Depois que Jeremy me contou o quanto o desanimei, resolvi aposentar essa trilha sonora negativa e substituí-la por algumas novas. Quando se trata de trilhas sonoras persistentes, prefiro trocá-las por mais de uma. Nesse momento, eu tinha "A curiosidade é melhor do que uma crítica", mas talvez eu pudesse acrescentar alguma outra.

O que eu realmente fiz quando alguém me contou sua nova ideia e imediatamente falei que não daria certo? Eu previ o futuro. Isso parecia estar ligado à trilha sonora de que é melhor prevenir do que remediar. Que forma desanimadora de encarar a vida, sempre esperando que tudo dê errado e se surpreendendo quando nada precisa ser remediado.

Anotei uma nova trilha sonora no meu caderno: "Minhas previsões são positivas."

Se vou prever o futuro, posso muito bem imaginá-lo de um jeito otimista. De qualquer forma, a verdade era que as minhas previsões só se concretizavam em cerca de zero de 345 mil casos. E prever um futuro negativo para mim mesmo e para outras pessoas não me fazia bem. Nunca saí de uma conversa dessas pensando: "Espero ter desanimado bastante essa pessoa." Isso seria horrível e não teria qualquer relação com a verdade.

Por outro lado, sempre me sinto melhor quando incentivo alguém. Sempre me sinto bem quando faço alguém se sentir bem. E talvez a ideia da pessoa possa dar certo. Talvez Jeremy Cowart conseguisse construir um hotel. Eu não tinha certeza de nada, mas a única coisa que ele havia me pedido era uma palavra de incentivo naquele momento.

Eu tenho uma escolha. Posso incentivar você (e a mim mesmo) a ir com tudo ou posso dizer que nunca vai dar certo. Haverá tempo suficiente para análises e realismo mais tarde, porém ninguém merece um balde de água fria logo no início. Gordon Mackenzie, um artista da Hallmark que teve uma carreira de 30 anos como guru criativo, explicou sua abordagem sobre essa trilha sonora no livro *Orbiting the Giant Hairball: A Corporate Fool's Guide to Surviving with Grace* (Orbitando a grande bola de pelo: um guia para tolos do mercado corporativo para sobreviverem de forma graciosa).

Nos últimos três anos dele na Hallmark, seu cargo oficial se chamava "paradoxo criativo". Ele não tinha nenhum poder de decisão de verdade, mas as pessoas que lhe apresentavam ideias não sabiam disso. Quando elas se sentiam empacadas e precisavam de feedback, iam à sala de Gordon. A política dele era dizer que gostava da ideia. Em um dos muitos discursos que ele deu sobre essa prática, uma pessoa na plateia tentou desmerecer a estratégia de Mackenzie com a pergunta: "Por que dizer para alguém que sua ideia é boa mesmo quando não é?" A resposta dele foi perfeita:

A maioria das empresas está cheia de gente que não hesita em dizer "não". A maioria das ideias recém-chocadas é aniquilada antes de ter tempo de criar penas, que dirá asas. Ao dizer "sim" para todo mundo que me contava uma ideia, eu estava simplesmente diminuindo um pouco o desequilíbrio. E dava certo. Pessoas muito empolgadas com as próprias ideias não precisam de grandes incentivos. Um "sim" em um mar de "nãos" pode fazer a diferença.[1]

O oposto da crítica é a curiosidade. E o oposto de dizer "não" é dizer "sim". O oposto de declarar por que não daria certo é descobrir por que daria. E encontrar o lado oposto é uma atitude que você pode tomar em qualquer área da vida.

A verdade sobre a virada

Tiffany Dawn não estava empolgada para reencontrar a matemática no seu novo emprego em Altoona, na Pensilvânia. O relacionamento das duas era, na melhor das hipóteses, conflituoso desde sua época de escola. "Passei anos chorando por causa de álgebra e geometria." Eu nunca chorei durante uma aula de matemática, mas recentemente encostei na calculadora gráfica da minha filha de 17 anos e senti um calafrio percorrer meu corpo.

Perdi a capacidade de ajudar minhas filhas com o dever de matemática depois que elas chegaram ao sexto ano. Conforme as duas avançam na escola, a quantidade de sabedoria que posso compartilhar se torna menor. Quando elas chegarem ao último ano, provavelmente minha ajuda estará limitada a contar piadas sobre o que fazer se uma tartaruga urinar em você durante uma palestra. É um conselho bem específico, mas essencial para o caso de alguém se encontrar nessa situação, como aconteceu comigo em Atlanta.

Parte da alegria de crescer é deixar para trás coisas em que você não tem talento algum, como matemática. Tiffany queria muito fazer isso, mas mesmo depois de terminar a escola sua trilha sonora permaneceu. "Depois que me formei, passei anos dizendo que eu era péssima em matemática." É frustrante passar anos empacado com um pensamento assim, mas também é um sinal útil. Se você quiser mudar uma trilha sonora, escute os comentários maldosos que vive fazendo sobre si mesmo.

Infelizmente, matemática é uma matéria parecida com Michael Myers, dos filmes da série *Halloween*. Ela não morre nunca. "Sete anos depois que saí da escola, fui contratada para um emprego em que eu precisaria fazer folhas de pagamento." Para uma pessoa sem qualquer talento para matemática, isso poderia ser um problema grave, mas não foi essa a experiência de Tiffany. "Eu arrasei!", contou ela. Tiffany era ótima no tipo de matemática usado em folhas de pagamento. A mudança não foi automática – trocar trilhas sonoras nunca é fácil –, mas ela permaneceu firme.

"Demorei alguns anos fazendo esse trabalho antes de conseguir parar de dizer que sou péssima em matemática", compartilhou ela. Mas virar o disco para uma nova trilha sonora ajudou: "Sou muito boa na matemática do dia a dia; não sou boa em álgebra e geometria." O segredo neste caso é que ela não mentiu quando mudou a trilha sonora. Ela não disse: "Sou uma sumidade em álgebra." Isso não seria verdade. Não dá para usar uma mentira nova para vencer uma mentira antiga.

Ela é boa em matemática do dia a dia. Ela não é boa em álgebra. Tiffany Dawn foi verdadeira consigo mesma. E eu também.

Quando comecei minha aventura em 2008, não falei para mim mesmo que eu era o melhor palestrante do mundo. Pergunte para a minha primeira plateia. Nos intervalos entre meus argumentos principais, joguei Skittles nas pessoas porque achei que essa seria uma forma engraçada de marcar uma mudança de assunto. Tenho quase certeza de que Winston Churchill fez a mesma coisa quando estava começando.

Sempre que eu me sentia desmotivado, virava o disco de "Não consigo ser palestrante" para "Consigo ser palestrante" e então tomava atitudes para que esse novo pensamento se tornasse verdadeiro. Trocar trilhas sonoras negativas não significa inventar uma nova. Significa escolher novos pensamentos, que geram novas ações, que levam você a novos lugares. Como Portugal.

> **Escolha novos pensamentos que gerem novas ações e que levem você a novos lugares.**

A pior bolha da Europa

Neste ponto do livro, você deve estar pensando que toda essa história de trilhas sonoras deve ser bem fácil para mim, já que sou uma fonte incansável de otimismo. Eu rio na cara das dificuldades. Não digo nunca que tenho problemas, mas oportunidades! O arco-íris só aparece depois da chuva.

Não é bem assim. Permita-me explicar com uma história bem horripilante sobre uma das minhas viagens.

Uma vez, na costa de Portugal, eu tive uma bolha no tornozelo. Normalmente, eu pediria por orações e pensamentos positivos, porém isso aconteceu há mais de dois anos, e ela desapareceu cerca de cinco horas depois, sem quaisquer complicações. Tenho tornozelos saudáveis.

Tudo aconteceu enquanto eu corria na beira da praia, na cidade costeira de Cascais. Diga esse nome em voz alta – parece o som que as ondas fazem ao rolarem por uma cama de areia. Cascais...

Você já usou uma dessas esteiras que exibem vídeos com paisagens para que você possa fingir que está correndo lá? Em vez de admitir que está no aeroporto de Newark, você pode ficar assistindo a alguém correr por Wellington, na Nova Zelândia. A pista de corrida em Portugal era exatamente assim, só que eu realmente estava lá, e não na academia de um hotel.

As ondas do Atlântico Norte batiam suavemente na costa. O sol despertava o dia do seu sono noturno com um beijo quente. Turistas se divertiam em piscininhas incrivelmente azuis formadas na areia enquanto eu percorria a baía na minha corrida matinal, seguindo um caminho que Cristóvão Colombo provavelmente percorreu na infância. Mas, depois que acabei e voltei para o quarto de hotel, não pensei em nada disso.

– Como foi a corrida? – perguntou Jenny quando cheguei.

– Fiquei com uma bolha no pé – respondi.

Puf.

A experiência inteira, a costa de Portugal, o hotel de luxo, o acesso abundante a pelo menos 100 variedades de sardinhas – tudo isso desapareceu diante da minha bolha do tamanho de uma borracha.

Esse é o poder do meu pensamento negativo.

Não sou apenas um observador de trilhas sonoras negativas. Sou o prefeito delas. *Ah, você acha que a escuridão é sua aliada. Mas você apenas adotou a escuridão; eu nasci nela, fui moldado por ela. Eu só vi a luz quando já era um homem feito, e então a única coisa que ela fez foi me CEGAR!*[2]

A formação de uma bolha fez a Península Ibérica inteira desaparecer. Quando digo que geralmente sou pessimista, estou falando do fundo do meu coração crítico.

Mas algo inesperado aconteceu comigo.

Quanto mais eu pesquisava sobre como fazer o hábito de pensar demais parar de ser um superproblema e se transformar em um superpoder, mais eu esbarrava no pensamento positivo. *Ah, não*, pensei. *Eu não falo essa língua.*

Por que a solução não podia ser algo mais fácil, tipo mandarim? Diga que a resposta é o chinês complexo!

Não me transforme em uma dessas pessoas de quem zombo no Instagram, que vivem vendendo cursos on-line – e você não vai acreditar, eles não querem que você perca essa oportunidade, então vão estender o período de inscrições!

Não vão tirar meu pessimismo de mim nem por cima do meu cadáver.

Infelizmente, nem eu, com minha visão limitada, podia mais me enganar. Se queremos criar trilhas sonoras novas que nos impulsionem rumo à vida que desejamos, o otimismo precisa entrar na nossa rotina o quanto antes.

7. O caminho de Zig para o pensamento positivo

Tecnicamente, o motivo para começar a chover dentro do meu Volkswagen GTI foi que parei na frente de outro carro e causei um pequeno acidente. Ainda bem que eu não estava no telefone na hora, escrevendo um tuíte que mudaria o mundo, ou minha esposa, Jenny, teria me matado. Eu só estava muito empolgado para comer pizza e fechei um universitário ao entrar no estacionamento do restaurante DeSano. Esse é apenas mais um exemplo de como meu amor por pizza atrapalha a minha vida.

As duas portas do lado esquerdo precisaram ser trocadas, então levei o carro para uma oficina. Cobraram alguns milhares de dólares para fazer o conserto e devolveram o meu carro. Tudo estava indo bem, até que começou a chover em Nashville. Chove mais aqui do que em Seattle, mas não gostamos de nos vangloriar disso. Certa manhã, minha filha mais nova avisou que pisou em uma poça ao sentar na parte de trás do carro.

– Foi você que colocou a poça aí? – perguntei, torcendo para ser o caso. – Está se sentindo ansiosa hoje?

Não sou médico, mas talvez esse fosse o problema. Minha filha sua muito nos pés quando fica nervosa. Não me julgue como pai. Ela nasceu assim, e nós a amamos.

Sequei o tapete com algumas folhas de papel-toalha e torci para tudo dar certo. Não adiantou nada, porque voltou a chover alguns dias depois, e a poça reapareceu. Foi aí que as minhas trilhas sonoras negativas passaram a dominar meu dia. Eu me recusei a ligar para a oficina e pedir para consertarem o vazamento. Por quê? Porque pedir para as pessoas fazerem o seu trabalho é uma forma de confronto hostil, e confrontos devem ser evitados a todo custo.

De onde saiu isso? De uma trilha sonora negativa. Talvez você a conheça. Ela também é chamada de "Tem alguma coisa estranha na minha comida, mas não quero incomodar o garçom, então vou engolir logo essa gororoba, não tem problema".

Isso não nos ajuda em nada, mas é uma besteira se comparada a outra trilha sonora que descobri com essa situação. Ela me diz: "Todo mundo quer passar a perna em você." Eu a escuto com tanta frequência que é capaz de você imaginar que um banco roubou a fazenda da minha família quando eu era criança.

Veja bem, a ideia de ligar para a oficina disparava estas duas trilhas sonoras: (1) Vou entrar em confronto; (2) Vão tentar passar a perna mim. A minha reação às músicas negativas foi enrolar para ligar por um período que pode ter variado entre um ou dois dias e seis semanas, o que, olha só que coincidência – você vai rir mais do que a Jenny quando descobriu isso –, é exatamente o mesmo tempo que água parada leva para desenvolver mofo.

Não fui preguiçoso durante as seis semanas em que enrolei para dar o telefonema. Eu estava ocupado pensando demais e tentando adiar o inevitável. Coloquei uma toalha de praia no chão e sequei a água. Comprei uma caixa de gel devorador de umidade para passear comigo, junto com minha toalha de praia ensopada, que agora pesava três quilos. Eu abria a mala todas as noites para enfiar o desumidificador mais pesado do mundo dentro do carro, como se isso fosse um hábito normal que todas as pessoas sãs têm.

Terapeutas costumam dizer que um dos primeiros sinais da negação é colocar um desumidificador de 30 quilos dentro do seu carro porque você não quer ligar para uma oficina. Eu poderia ter continuado desse jeito pelo restante da minha vida, mas começou a feder.

– Que cheiro é esse? – perguntava Jenny.

– Não estou sentindo cheiro de nada – mentia eu com a cara mais deslavada do mundo.

– Está com cheiro de mangue – dizia ela.

– Impressão sua – respondia eu, respirando pela boca.

Era uma clássica batalha entre o mofo e a overdose de pensamentos, mas o *Stachybotrys* acabou vencendo. Esse é o nome científico do mofo preto. Depois que passamos seis semanas andando de carro com alguém, acabamos ganhando intimidade.

Finalmente me rendi e liguei para a oficina, esperando o pior. Sabe o que aconteceu? Foi uma das conversas mais fáceis que já tive na vida. O dono ficou horrorizado e não parava de pedir desculpas. Ele consertou meu carro no mesmo instante e não cobrou nada. A expressão "mofo tóxico" deve estar registrada no histórico do departamento de trânsito, mas o problema que deveria aparecer lá é "pensou demais".

Enquanto eu avançava na escrita deste livro, fui me lembrando de outros momentos em que trilhas sonoras negativas roubaram meu tempo, minha criatividade e minha produtividade. Ou, nesse caso, minha capacidade de respirar. *Vocês foram longe demais desta vez, pensamentos. Respirar é o meu limite.*

O hábito de pensar demais não joga limpo, então decidi ficar mais esperto. Para vencer, eu precisava compreender melhor o poder das trilhas sonoras. Essa jornada me levou para um lugar em que nunca me imaginei: afirmações positivas.

O hábito de pensar demais não joga limpo, então também não podemos jogar.

Todos os caminhos levam a Zig

Seth Godin é especialista em marketing e autor best-seller de 18 livros. A revista *BusinessWeek* o chamou de um dos pensadores mais influentes do mundo dos negócios, e, além disso, ele é a pessoa que mais inspirou minha carreira. Não é um cara que se deixa levar pelas bobagens motivacionais que entopem as redes sociais hoje em dia.

Certa manhã, escutando o podcast *The Moment*, ouvi Seth contar que seu primeiro projeto editorial fora rejeitado 800 vezes. Durante um ano, todos bateram a porta na cara dele. Esse é o tipo de fracasso que faria a maioria das pessoas desistir do mercado.

Quando o apresentador, Brian Koppelman, perguntou a Seth o que ele dizia para si mesmo durante essa fase desafiadora, sua resposta me surpreendeu: "Não era um diálogo interno, mas um diálogo com o Zig. Zig Ziglar conversava comigo todos os dias, por três horas. Durante três anos, passei três horas por dia ouvindo aquele cara. Acabei decorando tudo, porque só havia 72 horas de gravações. Aquela voz na minha cabeça assumiu o controle, porque eu não tinha a voz de que precisava."[1]

Como se isso não fosse lisonjeiro o suficiente, Seth até declarou: "A única coisa que me impediu de desistir e procurar outro emprego foram as fitas que o Zig gravou."[2]

Quando um dos nossos heróis fala de um dos heróis dele, devemos prestar atenção. Caso você não conheça Zig Ziglar, ele foi um dos pioneiros do pensamento motivacional nos Estados Unidos. Seus livros venderam milhares de cópias, incluindo o best-seller *Eu chego lá!*. Ele passou mais de 40 anos viajando pelo mundo para falar sobre o poder do pensamento positivo e se apresentou em milhares de eventos.

Fiquei surpreso ao descobrir que Seth era um grande fã do

trabalho de Zig, mas deixei essa informação de lado e segui com a minha vida.

Semanas depois, enquanto eu lia *Running Down a Dream* (Atropelando um sonho), de Tim Grahl, Ziglar voltou a aparecer. Grahl, um especialista em marketing editorial que já teve cinco clientes na lista de mais vendidos do *The New York Times* ao mesmo tempo, escreveu que passou um mês fazendo as afirmações diárias de Zig duas vezes por dia.

Fiquei curioso. Procurei um pouco mais sobre as afirmações de Zig e consegui encontrá-las na internet com facilidade. O plano não era complicado. Por 30 dias seguidos, assim que acordar e pouco antes de ir dormir, você deve dizê-las em voz alta enquanto se olha no espelho.

Ai, nossa.

A ideia de parar na frente do espelho duas vezes por dia para falar para mim mesmo coisas como "Sou uma pessoa honesta, sincera, trabalhadora. Sou forte, mas justo e sensível" parecia loucura.

Por que não aproveitar para acrescentar "Serenidade agora!", de *Seinfeld*?

As paredes do meu pessimismo começaram a desmoronar conforme eu me deparava com técnicas das quais zombara por anos. Talvez fizesse sentido repetir trilhas sonoras positivas. Talvez isso não fosse restrito a donas de casa que gostam de exibir placas de madeira com os dizeres "Viva, Ria, Ame". Comecei a perguntar para colegas bem-sucedidos se eles acreditavam no pensamento positivo. Suas respostas diferiam um pouco umas das outras, mas todos praticavam silenciosamente o diálogo interno.

"Todas as manhãs, digo certas frases para mim mesmo."

"Passo o dia inteiro repetindo um mantra."

"Tenho uma conversa incentivadora comigo mesmo todas as tardes."

As provas se acumulavam. Será que o segredo para fixar minhas trilhas sonoras seria repeti-las? Eu não sabia, mas, como tinha acabado de levar uma surra na batalha do mofo por pensar demais, estava disposto a experimentar qualquer coisa. Decidi testar as afirmações positivas por 30 dias. Qual seria a pior coisa que poderia acontecer?

Eu, Zig e o espelho

Existe um milhão de afirmações diferentes na internet, e eu sabia que, por ser escritor, poderia elaborar as minhas em algum momento, porém fui direto à fonte para meu primeiro experimento. Se Zig era bom o suficiente para Seth Godin e milhões de outras pessoas, seria bom o suficiente para mim.

Imprimi as afirmações de Zig e as coloquei ao lado da pia do nosso banheiro de hóspedes, para ler assim que acordasse e pouco antes de ir dormir.

Escolhi esse lugar porque, antes mesmo de eu começar, Jenny disse:

– Não quero que você faça isso no nosso banheiro.

Apesar das evidências científicas de que se animar com trilhas sonoras positivas funciona, ela achava que iria acabar me largando se ficasse me observando recitar afirmações para o espelho enquanto ela escovava os dentes. Justo.

A primeira coisa que percebi durante as repetições é que eu não acreditava em 85% das coisas que dizia para mim mesmo.

Por exemplo, uma das declarações é: "Tenho orgulho da minha aparência." Isso é mentira. Eu não me cubro de veludo (segunda referência a *Seinfeld* no capítulo), mas não tenho o hábito de me arrumar muito. Essa afirmação era especialmente difícil de repetir em voz alta enquanto eu estava com a blusa azul que uso pelo menos três vezes por semana. Quando coloco um cinto e uma camisa social, meus amigos dizem na mesma hora: "Nossa, o que está acontecendo? Você vai para um enterro hoje?"

Nos primeiros dias, quanto mais eu repetia a lista de afirmações, mais percebia que a maioria delas não era verdade para mim naquele momento.

É isso que costuma acontecer quando começamos a repetir uma nova trilha sonora. Nós nos sentimos mentirosos. É estranho afirmar coisas sobre si mesmo que você sabe que são mentiras – por enquanto. Mas a parte engraçada é que, no caso de pessoas que pensam demais, já passamos anos fazendo exatamente a mesma coisa, só não percebemos porque não as dizemos em voz alta.

"Todo mundo quer passar a perna em mim" é uma mentira do mesmo jeito que "Tenho orgulho da minha aparência", mas foi tocada um milhão de vezes sem que eu percebesse, porque estava escondida sob o disfarce de um pensamento interno.

Ler as afirmações me incentivou a encarar uma pergunta importante: por que é tão fácil repetir trilhas sonoras negativas na nossa cabeça, mas tão difícil repetir trilhas sonoras positivas em voz alta?

Por que é tão fácil repetir trilhas sonoras negativas na nossa cabeça, mas tão difícil repetir trilhas sonoras positivas em voz alta?

Talvez a resposta esteja no Capítulo 1. Talvez seja porque o cérebro é meio idiota. Talvez seja o viés cognitivo: fazia anos que colecionava provas das minhas trilhas sonoras negativas, então era fácil acreditar nelas e difícil acreditar nas novas. Talvez fosse apenas medo.

Eu sinceramente não sabia a resposta, mas sentia que havia uma escolha simples diante de mim: eu queria que aquelas coisas novas fossem verdade ou preferia continuar escutando as mesmas trilhas sonoras negativas de sempre? Eu queria que uma lista de palavras como *persistente, otimista, leal* e *disciplinado* refletisse quem eu sou? A resposta foi um retumbante "Sim!".

Nada muito mágico aconteceu de imediato. Repetir as trilhas sonoras foi um processo lento, mas, nas pequenas coisas, o progresso era perceptível. Como na tarde em que a comissária de bordo estava distribuindo bebidas e eu peguei uma Coca Diet porque achei que fosse minha. Eu não tinha percebido que a moça no assento da janela também havia pedido uma. Eu falei:

– Você pediu uma Coca Diet? Ah, desculpa, aqui está.

E entreguei a latinha para ela.

Imediatamente senti a tentação de pensar demais naquela interação boba e repetir uma trilha sonora negativa que dizia: "Peguei a lata porque, no fundo, sou ganancioso. Tenho um problema sério com a ganância. Sou a pessoa mais gananciosa do mundo." Então meu cérebro começaria a listar exemplos de ocasiões em que fui ganancioso no passado. Era isso que eu esperava que acontecesse, porém, em vez disso, ouvi a trilha sonora de Zig ficando mais alta: "Sou generoso. Eu amo generosidade. Apenas cometi um erro bobo. Não tem problema."

Fiquei surpreso ao perceber quanto isso foi automático. Não precisei fazer uma pausa e dizer: "Calma, Jon, lembre-se das suas trilhas sonoras positivas. Foque no espelho, no espelho do seu coração." Simplesmente aconteceu. Foi quase como se meu cérebro, que já é muito habilidoso em tocar trilhas sonoras, tirasse a mais recente de uma prateleira.

A parte mais curiosa é que "Sou generoso" nem era uma das frases que eu recitava. Apenas pareceu o tipo de coisa que seria verdade sobre a pessoa que eu estava me tornando. Comecei a me dar conta de que as palavras exatas não faziam diferença. Mas o ato fazia. A repetição fazia.

E nem precisava ser perfeito. Perdi cinco dias dos 30 e ainda senti os benefícios. Mesmo nas manhãs em que eu me esquecia de fazer as repetições logo depois de me levantar da cama, as afirmações continuavam dando certo se eu só as repetisse às nove da manhã. As trilhas sonoras negativas não desapareceram por completo, mas eu começava todos os dias com algumas novas. Em situações estressantes, eu me pegava pensando: "Sou ousado, firme e confiante, mas humilde."

Também continuei encontrando exemplos de por que a prática funcionava. Em *O gorila invisível*, Christopher Chabris e Daniel Simons comentam que radiologistas costumam não ver coisas óbvias, como fios-guias esquecidos em veias, ao analisarem radiografias, devido à ilusão da atenção. "As pessoas partem do princípio de que radiologistas vão notar qualquer anomalia em uma imagem, mas a realidade é que eles, assim como o restante de nós, tendem a enxergar melhor aquilo que buscam em uma imagem."[3] Se pedirmos a um radiologista para procurar um embolismo pulmonar, ele facilmente conseguiria ignorar o fio-guia que não deveria estar lá.

Mas é possível solucionar esse problema. "Se você pedir para os radiologistas encontrarem o fio-guia em uma radiografia de tórax, eles vão procurá-lo e notarão a sua presença."[4] Era essa a sensação que eu tinha com o experimento de Zig. Eu dizia a mim mesmo para buscar coisas positivas, e, de repente, elas se tornaram bem mais visíveis.

Consultando a fonte para se aprofundar nas afirmações

Dez anos atrás, tive a oportunidade de almoçar com Zig, sua esposa, Jean, e seu filho, Tom. Embora nosso encontro tenha sido breve, Zig me ensinou algumas coisas que continuo usando até hoje. Depois que testei as afirmações, eu queria entender por que elas funcionam. Zig faleceu em 2012, mas Tom teve a bondade de conversar comigo por telefone sobre o potencial desse exercício simples.[5]

As afirmações de Zig faziam parte dos seus Cartões de Diálogo Interno, mas Tom me disse que ele começou a utilizá-las muito antes de divulgá-las no palco. Ele também as aplicava em casa. Tom disse:

– Quando eu tinha 16 anos, me inscrevi para uma vaga na loja Athlete's Foot. Antes de sair de casa, falei para meu pai que nunca me contratariam. Eu só tinha 16 anos, não tinha experiência, essas coisas. Meu pai olhou para mim e disse: "Espera um pouco. Você tem 16 anos de experiência sendo esforçado, disciplinado, honesto, tem um bom caráter e é íntegro." – Essas palavras podem parecer apenas adjetivos, mas vão além disso. – Meu pai declamou a lista da afirmação. Ele disse: "Quando perguntarem por que você é qualificado para o trabalho, diga isso tudo." É claro que eu consegui o emprego.

Quando seu filho de 16 anos lhe contou uma trilha sonora negativa, Zig o ajudou a criar uma nova. Mas e se ele não tivesse conseguido o emprego? E se algo ruim acontecesse com Zig, o mestre das afirmações positivas? Como ele reagiria?

Essa é a grande questão, não é? Coisas ruins acontecem. Comigo, com você, com o mundo em geral. Como permanecer focado e repetir trilhas sonoras positivas diante da negatividade? Perguntei isso com todas as letras para Tom, e esse acabou sendo o tema da nossa conversa.

– Meu pai sempre dizia: "O seu progresso na vida não é determinado pelas coisas que acontecem com você, mas pela forma como você lida com elas." Ele acreditava na diferença entre reagir, que é negativo, e responder, que é positivo. Vamos supor que você vá ao médico e receba a prescrição de um remédio. Alguns dias depois, ele liga para saber como você está. Se você disser "Estou todo empolado, e minha língua inchou", significa que você teve uma reação ao medicamento. Isso é negativo. Se você disser "Minha febre passou. Minha energia aumentou. Eu me sinto melhor!", o tratamento está dando certo. Isso é positivo.

A diferença entre "Eu reajo aos problemas" e "Eu respondo aos problemas" é sutil, mas importante. Esse parecia um exemplo de virar o disco de uma trilha sonora. Mas como aplicar isso na sua vida no meio de uma semana atarefada?

– Você planeja suas respostas com antecedência – explicou Tom. – Vejamos o exemplo de uma viagem. Você sabe que, se precisar entrar em um avião mais de duas vezes por ano, com certeza vai se deparar com um voo atrasado ou cancelado. É melhor já pensar em como você vai reagir quando isso acontecer. Uma postura negativa não muda o horário da partida do avião, e, em muitos casos, você deveria ficar feliz por não estar voando em condições perigosas. Na verdade, isso acontece para o seu bem.

Tudo que Tom dizia fazia sentido, mesmo quando eu o pressionava para citar aplicações práticas. É nesse momento que a maioria das abordagens do pensamento positivo dão errado para mim: elas são boas na teoria, mas na prática acabam indo por terra. Eu queria soluções para o mundo real, não clichês vazios, então continuei brincando de "Questione o Ziglar" com Tom.

– Tudo bem, então você pretende ter uma postura melhor no caso de um voo atrasado, mas como aposenta de verdade a trilha sonora que diz que seu dia acabou de ser arruinado? – perguntei.

– Meu pai sempre levava uma parte do trabalho para as viagens. Todo atraso ou cancelamento de voo era uma oportunidade para adiantar alguma coisa.

Você não imagina Zig Ziglar agachado no canto do terminal B1, trabalhando enquanto espera seu voo atrasado para Dallas?

O atraso não atrapalhou seu dia. Na verdade, foi apenas um convite para trabalhar em algum projeto. Zig vencia não apenas porque tinha uma boa postura, mas porque associava suas trilhas sonoras positivas a ações práticas, como levar seu trabalho nas viagens.

É uma abordagem muito diferente do que ficar ouvindo uma trilha sonora que coloca a culpa do seu dia ruim em outra pessoa. Dizer que o trânsito acabou com o seu dia pode parecer uma bobagem, mas, na verdade, o que você diz é: "Dei ao trânsito o poder de determinar a qualidade do meu dia."

Dias bons começam com pensamentos bons.

Moramos em Atlanta por seis anos, e, se eu deixasse meu trajeto até o trabalho determinar como seria o meu dia, todos os dias seriam péssimos. As placas de trânsito diriam o seguinte: "Peachtree Center, 15 quilômetros, 1 bilhão de minutos. A segunda-feira de Jon: Arruinada." Meus dias eram muito melhores quando eu escolhia meus pensamentos antes de sair de casa.

Além do lado bom

Nós podemos nos preparar para eventos como problemas com voos, mas e as situações negativas que nos pegam desprevenidos? Nesses casos, é melhor permanecer otimista e seguir em frente? Sempre devemos olhar o lado positivo das coisas.

– Não – disse Tom, e isso me surpreendeu. – Identificar um problema não é ruim. Na verdade, é bom, porque você se coloca na posição de pensar em uma resposta. Não é ruim admitir que você tem um problema. Ninguém precisa ser positivo o tempo todo. Se a vida estiver difícil agora por causa de coisas que aconteceram, reconhecer isso não é algo negativo. Só será se permanecermos no mesmo lugar. O importante é nos concentrarmos na solução.

Na semana em que entrevistei Tom percebi que houve uma queda de 70% nos lucros da minha empresa em comparação com o ano anterior. Não sou um gênio da matemática, mas esse fato não pareceu positivo. Comecei a pensar demais na minha relação com a pessoa que me ajudava na administração da empresa e fiquei bem frustrado. O sujeito estava passando a perna em mim, da mesma forma que a oficina iria fazer antes de eu ligar para reclamar do vazamento no carro. Quanto mais eu pensava no assunto, mais barulhentas ficavam minhas trilhas sonoras antigas.

"A culpa é toda minha. Ele não está trabalhando direito porque quer prejudicar meu negócio. Não acredito que ele está fazendo isso comigo!" Então a trilha sonora da vergonha vinha, porque, quando uma fresta se abre, todas as minhas trilhas sonoras saem correndo. "Esse problema é só a ponta do iceberg. Esse setor da empresa é uma bagunça, porque você não sabe administrar um negócio. Você papou mosca e nunca mais vai conseguir se recuperar."

E lá fui eu, ficando mais irritado cada vez que ouvia uma música. Sabe o que eu estava fazendo naquele momento? Focando meu tempo, minha criatividade e minha produtividade no problema, e não na solução. Eu estava enchendo a bola do problema e murchando a solução. Isso não me levaria a lugar algum. Resolvi mudar as minhas trilhas sonoras, porque a conversa de Tom ainda permanecia fresca na minha mente.

Não foi fácil. No começo, não era algo natural nem confortável, mas certamente foi o melhor caminho para sair daquela briga de trilhas sonoras. Perguntei a mim mesmo: "Como seria dedicar toda a minha capacidade mental a encontrar uma resposta?" Essa nova trilha sonora se tornou uma calmaria em meio às minhas tempestades.

Na próxima vez em que você estiver no meio de uma situação estressante, pergunte a si mesmo:

"Estou me concentrando no **problema** ou na **solução**?"

JON ACUFF #soundtracks

Tente. Na próxima vez em que você estiver no meio de uma situação estressante, pergunte a si mesmo: "Estou me concentrando no problema ou na solução?" É simples, mas funciona.

Eu estava acompanhando o que Tom dizia, mas ainda precisava entender melhor. Então decidi perguntar:

– A ideia é fingir até as afirmações se tornarem realidade? É se concentrar demais na solução?

– Não – respondeu Tom. – Nós não ensinamos ninguém a fingir. Meu pai acreditava em "Conte a verdade primeiro". As afirmações são verdadeiras. Digamos que você esteja 45 quilos acima do peso, com alguma comorbidade e que seu objetivo seja emagrecer. Algumas pessoas fariam uma afirmação positiva, como "Estou em uma boa condição física e vivo da melhor maneira possível". Mas você não está, e seu cérebro sabe disso. Essa frase é uma mentira e cria dissonância cognitiva (o estresse gerado quando o cérebro tenta acreditar em várias informações dissonantes ao mesmo tempo). Em vez disso, é melhor repetir a frase do meu amigo Steyn Rossouw: "Estou ficando cada vez mais saudável todos os dias, em todos os sentidos." Isso é verdade. Essas palavras são um incentivo para o seu caminho.

Fiquei tentando encontrar pequenas falhas na ideia das afirmações positivas, mas Tom respondeu a todas as minhas perguntas com conselhos práticos que eu poderia usar. Acho que passar 40 anos trabalhando com uma ideia faz com que uma pessoa vire especialista nela.

A conversa foi animadora e me ajudou a entender por que o exercício das afirmações deu certo para mim. Eu conseguia enxergar a diferença que ele causou, mas uma dúvida importante ainda permanecia.

Se trilhas sonoras funcionam para mim, elas também funcionariam para você?

8. Coloque o Novo Hino para tocar

Sou proprietário de 48 cortes de cabelo.

Você provavelmente tem 48 a menos, mas me permita explicar minha abundância capilar. A barbearia que frequento vende pacotes de corte de cabelo. É como um plano de assinatura para a sua cabeça. Geralmente, compro seis por vez e economizo um dólar por corte ao pagar adiantado.

Da última vez que meus cortes de cabelo acabaram, minha cabeleireira disse:

– Você já usou todos e precisa comprar mais. Quer seu pacote de sempre ou aumentar um pouco?

– Quanto eu economizaria com o maior pacote? – perguntei.

– Nesse, o preço cai de 32 para 24 dólares por corte – disse ela.

Que bom negócio.

– São quantos cortes?

– Quarenta e oito – respondeu ela.

Acho que nós dois concordaríamos que são cortes de cabelo demais. Ninguém precisa pagar adiantado por 48 cortes. Nunca vi alguém dizer: "Não gosto de levar minha carteira para barbearias. Prefiro pagar adiantado. Desculpa, fui criado desse jeito." Seria uma idiotice, e eu estava prestes a comprar os seis de sempre quando ela comentou como quem não quer nada:

– O seu amigo Chris acabou de comprar o pacote com 48.

Ah, espera um pouco. O Chris comprou?

Eu sabia o que ela estava fazendo. É uma técnica chamada *soft sell*. Seu tom era bem casual. *Sem querer fazer pressão, Jon, mas um dos seus melhores amigos, uma pessoa que você respeita, comprou a mesma coisa que estou tentando vender para você.* Foi assim que os Simpsons e a cidade de Springfield acabaram com um monotrilho. O vendedor mencionou que Shelbyville teria um, e eles não conseguiram resistir. Mas estamos falando de personagens de desenho animado. Eu sou diferente. Sou um adulto. Consigo identificar quando alguém está querendo me vender alguma coisa. Só que não foi isso que aconteceu.

Quando percebi, eu estava gritando:

– Então é isso aí. Quero comprar 48 cortes de cabelo!

Levei uns quatro segundos pensando antes de gastar mais de mil dólares na barbearia. Meus pensamentos costumam ter duas velocidades: demais e de menos. Adivinha qual usei neste caso?

Quando cheguei em casa, Jenny não pareceu muito animada com as minhas compras. Ela ficou bastante apegada à parte da história em que eu gastei mil dólares com cortes de cabelo. Então, porque é boa em fazer planos, ela me fez uma pergunta:

– Com que frequência você corta o cabelo?

– A cada três semanas – respondi.

– Bom, então vamos fazer as contas. Se você for à barbearia uma vez a cada três semanas e tem 48 cortes de cabelo para gastar, quanto tempo vai levar para usar todos?

Eu me senti fazendo uma prova de vestibular, e, pelo tom da sua voz, dava para perceber que ela já sabia a resposta.

– Mas a economia... – falei, tentando distraí-la.

– Você vai levar 2,7 anos para usar todos esses cortes. Uma das nossas filhas já vai estar na faculdade quando isso acontecer.

– E aposto que ela vai poder usar a fortuna que economizei em cortes de cabelo para ir a um lugar bem legal – respondi, apesar de provavelmente não ser essa a questão que ela queria enfatizar.

A questão provavelmente era que não sei me planejar a longo prazo nem fazer contas nem comprar cortes de cabelo, pelo visto. Mas sou bom em outras coisas, como contar às pessoas ideias que vão melhorar suas vidas. Esse é o objetivo da minha empresa e a essência de todos os livros que já escrevi e de todas as palestras que já dei.

E foi por isso que, quando repetir afirmações positivas funcionou para mim, decidi compartilhar o que aprendi. Sou incapaz de manter boas ideias em segredo. Meu professor de geografia da escola certa vez disse para a minha mãe em uma reunião de pais e mestres: "Jon responde às perguntas antes mesmo de elas serem feitas." Acho que ele não disse isso com a intenção de ser um elogio, mas foi assim que encarei!

Quando fico empolgado com alguma coisa, compartilho com as visitas assim que elas pisam na minha casa. Abro um vídeo engraçado, mostro meu novo livro favorito ou corro até o andar de cima para pegar um conjunto de LEGO antes mesmo de a pessoa tirar o casaco. Isso acontece tanto que Jenny começou a chamar as coisas que eu mais amo de "ideias do hall de entrada".

Peguei as afirmações de Zig emprestadas (captei a mensagem, Capítulo 4, seu espertinho), mas, antes de compartilhar afirmações positivas com as pessoas, eu queria criar as minhas próprias. E não apenas criá-las – eu queria testá-las, ensiná-las, e ver se conseguiriam ajudar os outros tanto quanto me ajudaram.

Então pedi ajuda a Mike Peasley, Ph.D., para formular um plano, porque ele é ótimo nisso e compra cortes de cabelo unitários.

A criação do Novo Hino

O primeiro passo era elaborar um conjunto de afirmações novinho em folha. Graças à abordagem da mente destemida/olhar disciplinado de Dorothy Parker, eu já tinha reunido dezenas delas. Fazia um ano que eu estudava o hábito de pensar demais, e a minha coleção estava cheia de afirmações para serem analisadas. Cobri as paredes do meu escritório com grandes folhas de papel e comecei a anotar as ideias para vê-las todos os dias.

Algumas carregavam um otimismo agressivo: "Dias tediosos têm medo de mim!"

Outras eram simples: "O único final possível é vencer."

Outras eram piegas: "Prefiro sentir toda a mágoa a sentir metade da esperança." (Esse é um jeito emo de dizer "Agarre as oportunidades com unhas e dentes!", mesmo se você não vencer.)

Algumas eram histórias que pareciam carregar uma trilha sonora escondida. Por exemplo, uma das minhas anotações dizia: "Billy Joel não vende ingressos para as primeiras fileiras dos seus shows porque cansou de só ver pessoas ricas e blasés na plateia. Ele oferece as primeiras fileiras de graça para fãs, porque o entusiasmo deles o diverte durante os shows. Talvez exista uma trilha sonora aí sobre nos cercar das pessoas certas?"

Após algumas semanas colocando tudo nos papéis, meu escritório parecia saído de uma cena de *Uma mente brilhante*. Quando eu abria a porta rápido demais, as folhas imensas cheias de ideias balançavam ao vento como o vestido de Celine Dion naquele clipe em que ela canta sobre amor. Satisfeito por ter bastante material para usar, comecei a peneirar o conteúdo.

Eu queria criar um "Novo Hino", algo que pudéssemos dizer na frente do espelho por 30 dias seguidos. Algo verdadeiro, útil e gentil. Seria uma coleção de frases positivas que falassem tanto de identidade quanto de realidade. Uma declaração sobre identidade seria "Tenho um dom que merece ser usado". Ela fala sobre quem você é. Já uma declaração sobre realidade seria "Manter o ímpeto é complicado". É assim que a vida funciona.

As frases não seriam aleatórias, mas cuidadosamente escolhidas para enfrentar coisas em que as pessoas costumam pensar demais. "Manter o ímpeto é complicado" lida com o perfeccionismo. "Sou presidente da minha vida, e não há chefe melhor que eu!" se concentra em assumir a responsabilidade pela sua vida, mas tratando a si mesmo com gentileza. Usando esses critérios, fui eliminando centenas de trilhas sonoras até chegar às vinte de que mais gostei. Eu as enviei para várias pessoas para ver se alguma se destacava. Elas me deram feedback, e 10 foram escolhidas.

Sou presidente da minha vida, e não há chefe melhor que eu!

Bolei um conjunto de instruções para aumentar ainda mais o volume do Novo Hino, e então testei tudo com mais de 10 mil pessoas.

Espera um pouco, o quê? Eu meio que passei batido por esse detalhe. Essa é uma das minhas partes favoritas do trabalho. Quando tenho uma ideia que me empolga, ela não fica limitada ao hall de entrada da minha casa. Eu chamo Mike Peasley, Ph.D., e nós a transformamos em um estudo. Então, como passei anos cultivando uma comunidade na internet, tenho milhares de pessoas para testá-la junto comigo. A minha plataforma não é a maior do mundo, mas sou um influenciador de jujubas. É exatamente isso. Falei tanto do meu amor pelas jujubas de ursinho da Albanese no Instagram que a empresa acabou me mandando sacos do produto de graça. O que você acha que vai acontecer quando descobrirem que falei sobre elas em um livro? Vai chover jujubas de ursinho na casa Acuff.

Deixando de lado doces deliciosos, eu e Mike Peasley, Ph.D., tínhamos tudo de que precisávamos: dez mil participantes inscritos no desafio dos 30 dias, um método para acompanhar o progresso, um grupo privado no Facebook para reunir histórias e o Novo Hino.

Você também tem tudo isso. Está bem aqui. Vou apresentar os resultados do estudo daqui a pouco, mas quero compartilhar o Novo Hino agora. Este capítulo já tem algumas páginas, o que significa que você pisou na minha casa e foi direto para a sala de estar sem ouvir uma ideia no hall de entrada. Não consigo mais me segurar.

Acho que você deveria testar o Novo Hino. Acho que deveria começar hoje. Depois que você ler tudo, vou lhe contar por quê.

O Novo Hino

Por 30 dias, toda manhã e toda noite, encontre um espelho, corrija a postura e diga o seguinte em voz alta:

Eu, [seu nome], escolho meus pensamentos. Sei que, para fazer as coisas da melhor forma possível, preciso pensar da melhor forma possível. Como se preparassem o caminho para uma aventura, esses pensamentos vão guiar minhas ações.

Eu acredito que meus pensamentos fazem a diferença. Não vejo a hora de descobrir o que vai acontecer no meu futuro. Tenho disciplina e dedicação para seguir o plano. Estas são as 10 coisas em que acredito:

1. Hoje é um novo dia, e amanhã também será.
2. Tenho um dom que merece ser usado.
3. A única pessoa capaz de atrapalhar meu caminho sou eu, e parei de fazer isso ontem.

4. Sou presidente da minha vida, e não há chefe melhor que eu.
5. Vencer é contagiante. Quando ajudo os outros a vencer, eu também venço.
6. O desconforto é apenas um sinal de que a minha antiga zona de conforto não consegue mais acompanhar meu ritmo.
7. Manter o ímpeto é complicado.
8. Tudo sempre dá certo para mim.
9. Sou fã número 1 de mim.
10. A melhor resposta para os obstáculos é me manter firme.

De manhã
Estou aí para o que der e vier. Não vou *sair* deste cômodo, vou *me lançar* para fora dele, rumo a um dia cheio de novas oportunidades. Levo honestidade, generosidade, risadas e coragem junto comigo. Atenção, mundo! Chegou a hora de crescer, sair e influenciar.

À noite
Que dia! A melhor parte é que deixei muitas coisas divertidas para amanhã. Depois que eu colocar a cabeça no travesseiro, meu expediente estará encerrado, e vou reunir energias e empolgação para um novo dia.

Você tentou?

Seja sincero. Somos só eu e você aqui. A menos que você esteja ouvindo o audiolivro, o que significa que somos eu, você e o engenheiro de som mais esforçado do mundo. Sempre tento fazê-los rir, porque, caso contrário, parece que estou dando uma palestra de seis horas para apenas uma pessoa. Eles geralmente não saem do personagem, porque só prestam atenção nos erros e nem escutam o que você diz. Menos neste parágrafo. Agora que parei para pensar, vai ser meio desconfortável gravar este aqui.

Talvez você tenha tentado ler o Novo Hino. Você encontrou um espelho, fechou a porta do banheiro e o repetiu em voz alta. Então, parabéns. Você completou metade do exercício de repetição de hoje. Faça isso mais uma vez antes de ir dormir, e pronto. Mas, se você não tentou, eu entendo. Eu também estaria pensando: "O que vou ganhar com isso?"

Essa é uma boa pergunta, e todas as empresas em que dou palestras me fazem a mesma pergunta. Não posso voltar na Lockheed Martin ou na Microsoft e dizer: "Lembra como vocês gostaram do meu último discurso sobre cumprir objetivos? Vocês vão adorar o novo. Ele é cheio de afirmações felizes que vão arrancar um sorriso do rosto de vocês."

Empresas querem aprender técnicas para tomar decisões mais rápidas e melhores. Empresas querem atalhos para aumentar o desempenho. Empresas querem mais tempo, mais criatividade e mais produtividade para cumprir tarefas importantes.

E você deveria querer essas mesmas coisas.

Foi por isso que fiz um estudo sobre o Novo Hino 18 meses antes de acrescentá-lo a este livro. Eu não queria compartilhar nada que não tivesse testado antes. O objetivo do estudo era simples. Nós queríamos analisar três perguntas:

1. Repetir afirmações positivas ajuda a reduzir o hábito de pensar demais?
2. A redução do hábito de pensar demais ajuda a aumentar a produtividade?

3. A redução do hábito de pensar demais ajuda as pessoas a conquistarem seus objetivos?

Para avaliar esses pontos, pedimos que mais de 10 mil pessoas repetissem o Novo Hino duas vezes por dia, por um mês. Comparamos o desempenho delas antes e depois das afirmações, para mensurar as mudanças. Não prendemos eletrodos em ninguém, porque eles são caros, porém o estudo foi mais revelador do que imaginávamos.

Primeira pergunta: Repetir afirmações positivas ajuda a reduzir o hábito de pensar demais?

A primeira estatística que analisamos foi o que aconteceu com os participantes que repetiram o Novo Hino pelo menos 20 vezes (de manhã e à noite). O hábito de pensar demais se intensificou, diminuiu ou permaneceu igual? De acordo com os dados, esse grupo apresentou uma tendência 250% maior de reduzir o hábito de pensar demais, em comparação com o aumento ou a manutenção dele.

Se você parar na frente do espelho e, apesar de se sentir ridículo, recitar o Novo Hino pelo menos 10 vezes por mês, terá uma chance 2,5 vezes maior de diminuir seu hábito de pensar demais. Não foi preciso muito esforço para ver resultados.

Apesar de eu gostar desses dados, achei que não eram o suficiente. Eu também queria saber se a quantidade de repetições fazia diferença. Nós estudamos as técnicas de ajuste no Capítulo 3. Será que afirmações positivas podem diminuir o barulho nos dias em que nosso volume chega às alturas? Os resultados também foram positivos quanto a isso. Os participantes que repetiram 20 ou mais trilhas sonoras demonstraram uma propensão 46% maior em diminuir o hábito de pensar demais, em comparação com pessoas que repetiram cinco ou menos.

Para mim, essa pesquisa é muito louca. Temos uma chance 46% maior de diminuir o hábito de pensar demais se repetirmos o Novo Hino 20 vezes em vez de cinco. Imagine encontrar um método que leva menos de 90 segundos e nos torna 46% mais propensos a reduzir o excesso de pensamentos. Ele existe – na verdade, você foi apresentado a ele há algumas páginas.

Segunda pergunta: A redução do hábito de pensar demais ajuda a aumentar a produtividade?

No sétimo ano, eu usava aparelho nos dentes. Patty Ericson, uma garota na minha turma de pré-álgebra, disse que eu poderia diminuir pela metade o tempo com o aparelho se eu o usasse na escola também. Até parece, Patty Dentuça. É assim que crianças acabam recebendo apelidos. Prefiro seguir devagar por essa aventura ortodôntica.

Esse provavelmente foi o único truque de produtividade que já rejeitei na vida. Nós somos obcecados por eles, estamos sempre buscando formas de facilitar nossas tarefas. Mas e se estivermos ignorando aquilo que mais toma tempo da nossa vida, o hábito de pensar demais? Dá para imaginar como seria maravilhoso se o segredo para aumentar a produtividade fosse apenas pensar menos? Deixe de lado as histórias infantis de cinco minutos para a hora de dormir – um produto que realmente economiza muito tempo –, porque estou prestes a revelar algo impressionante.

Os participantes que repetiram o Novo Hino 20 vezes ou mais, em comparação com as pessoas que o repetiram 10 vezes ou menos, relataram que foram mais produtivos na conquista de seus objetivos. O que isso significa na prática? Significa que eles dedicaram nove dias a mais aos seus objetivos do que as pessoas que não repetiram o Novo Hino tantas vezes. Estamos falando de uma mina de ouro da produtividade, então permita-me repetir esta frase: em um período de 30 dias, eles dedicaram nove dias a mais aos seus objetivos! Isso equivale a 108 dias extras de dedicação, em um ano, para as pessoas que repetem o Novo Hino. Você não seria bem mais produtivo se tivesse mais 108 dias no ano para se dedicar ao seu objetivo?

Não apenas os repetidores do Novo Hino se mostraram mais produtivos, como tiveram uma chance 21% maior de ficarem satisfeitos com seus resultados. Ao fim dos 30 dias, eles ficaram mais felizes com as coisas que conquistaram. Se você já pensou "Como posso fazer mais coisas e me sentir ainda melhor sobre o meu trabalho?", sublinhe este parágrafo inteiro, por favor. Acho que parte do motivo por trás do aumento da satisfação é que esse mesmo grupo de pessoas demonstrou uma redução de 15% na insegurança pessoal. Conforme a insegurança diminuía, a satisfação foi tomando seu lugar.

Mas sejamos céticos. Só porque uma pessoa dedicou mais nove dias a um objetivo não significa que ela tenha passado o dia inteiro fazendo isso. Ninguém se dedica diariamente a um objetivo por 8 a 10 horas. Digamos que os participantes do estudo só tenham feito isso por 30 minutos a cada dia. Em um mês, nove dias extras se transformariam em 4,5 horas de bônus. Em um ano, elas virariam 54 horas, ou quase sete dias de expediente integral. Se o seu chefe lhe desse sete dias extras de férias neste ano, você ficaria feliz? Eu ficaria. Repita o Novo Hino, reduza seu hábito de pensar demais e dê esse presente a si mesmo.

Terceira pergunta: A redução do hábito de pensar demais ajuda as pessoas a conquistarem seus objetivos?

Eu gritei de alegria quando terminei meus 1.600 quilômetros de corrida do ano. Era dia 18 de dezembro, véspera do meu aniversário de 44 anos, e me lembro exatamente de onde estava.

Anunciei "É isso aí!" para mim mesmo e acelerei o passo, todo feliz, porque eu não acreditava que tinha conquistado um objetivo que exigiu 352 dias. Eu adorei aquele momento e quero outros iguais – para mim e para você.

Mas como consegui-los? Encontrando formas criativas de transformar aquilo que desejamos em realidade, como enfrentar o hábito de pensar demais – que, lembre-se, ocorre quando nossos pensamentos atrapalham nossos objetivos.

Os participantes que detectaram uma diminuição no excesso de pensamentos demonstraram uma propensão 78% maior para alcançar seus objetivos do que as pessoas que não apresentaram a mesma redução no hábito de pensar demais. Isso é incrível, mas também é o resultado menos surpreendente que já foi publicado. Quando passamos menos tempo pensando demais, nos tornamos mais produtivos. Imagina só. Mas ainda não acabamos. Ainda temos um número grande para apresentar.

As pessoas que notaram uma redução no hábito de pensar demais demonstraram uma tendência quatro vezes maior – isto é, 400% – a conquistar ou quase conquistar seus objetivos. Quatrocentos por cento! Não apenas elas fizeram mais do que as pessoas que não diminuíram o excesso de pensamentos, como também se mostraram bem mais propensas a completar o objetivo inteiro. Esse estudo foi uma surpresa atrás da outra.

Em resumo, repetir o Novo Hino ajudou a reduzir o hábito de pensar demais e a insegurança. Aumentou a satisfação e a produtividade. E, por fim, incentivou as pessoas a dedicarem mais nove dias aos seus objetivos, em comparação com seus colegas.

Repetir o Novo Hino ajudou a reduzir o hábito de pensar demais e a insegurança.

Tudo isso veio de um pedacinho de papel? Sim, e as histórias pessoais que escutamos dos participantes deram uma voz ainda mais forte aos dados.

A voz do povo

Talvez você não goste de matemática. Dá para entender. Eu comprei quase três anos de cortes de cabelo. Números são confusos. Quero histórias, isso sim! Vida real. A matéria de que somos feitos.

Sem problemas. Além de dados estatísticos, reunimos relatos em um grupo privado do Facebook ao longo do mês. Foi uma oportunidade para as pessoas interagirem e compartilharem histórias pessoais. Mais de 3.500 participantes entraram e publicaram milhares de feedbacks.

Enquanto eu lia os comentários, um padrão começou a surgir. Quando começamos a repetir o Novo Hino, nos sentimos bobos. A menos que você já tenha feito algo parecido, é inevitável que se sinta bobo ao parar diante do espelho e conversar consigo mesmo. Brittni Dappen, uma mãe que dá aula para os filhos em casa no estado de Washington, disse: "Eu me sentia idiota repetindo o hino. Ainda não consigo fazer isso com meu marido por perto." Não é o marido dela que se incomoda. "Ele com certeza me incentivaria; ele me apoia em tudo", diz Brittni, apesar de ainda se sentir desconfortável.

Nas primeiras vezes em que tentei, lembro que eu avisava à minha família o que estava prestes a fazer. Antes do café da manhã, eu anunciava "Vou ler meu Novo Hino!", porque queria ter certeza de que ninguém entraria no banheiro enquanto eu estava me encorajando. Ficava com medo de me pegarem no flagra. O que eu temia? Que minhas filhas me vissem acreditando em mim mesmo? Seria horrível se minha caçula descobrisse uma coisa dessas sobre o pai. "Por que eu faço terapia?", diria ela para um amigo daqui a anos. "Porque meu pai tinha um senso muito positivo de autoconfiança e esperança. Era difícil demais."

Ariel Gilbertson, uma blogueira de St. Francis, no Kansas, chegou a uma conclusão quando se sentiu constrangida repetindo o Novo Hino. "Sinceramente, se eu não conseguir aguentar dois minutos sentindo o desconforto de repetir coisas legais para e sobre mim mesma (não parece uma besteira quando colocamos em palavras?), então não vou conseguir fazer coisas mais difíceis." O primeiro passo para demonstrar gentileza por si mesmo é sempre pensar com gentileza. O autocuidado começa pelo diálogo interno.

> **O autocuidado começa pelo diálogo interno.**

A boa notícia é que, se passarmos por cima do desconforto, encontraremos um tesouro. "Em apenas dois minutos", disse Ariel, "nós fazemos algo diferente que, se praticado por tempo suficiente, gera um hábito. Um dos hábitos que esse hino cria é mudar o diálogo interno. E é uma mudança que afeta todos os segundos da nossa vida".

Conforme o mês for passando, você notará que certas trilhas sonoras se destacam mais do que outras. Para Brad Wasserman, gestor de fortunas em Farmington Hills, Michigan, a terceira é a que fez mais sentido. "Eu leio 'A única pessoa capaz de atrapalhar meu caminho sou eu, e parei de fazer isso ontem' bem devagar e com muito cuidado." Essa é a trilha sonora que lembrou a ele que "preciso parar de bloquear meu caminho e separar tempo para priorizar minha saúde e meu bem-estar, para conseguir estar ao lado da minha família e ser útil para meus clientes, para minha empresa e para os outros". E melhor do que simplesmente dizer que aposentou sua trilha sonora negativa ontem é ter a atitude que ele teve: "Parei de fazer isso [bloquear meu caminho] no dia 31 de agosto." Ele determinou uma data específica para reforçar a data do Novo Hino.

Aimee Padgett, professora de *wellness* em Moline, no Illinois, adorou o Novo Hino, mas teve dificuldade em dizer "Sou fã número 1 de mim". Ela encontrou uma forma criativa de acalmar essa apreensão, como me explicou: "Tudo bem, vai parecer meio bobo, mas paciência! A temporada de futebol americano começou, e sou fanática pelos Chicago Bears, então comecei a imaginar que estou fazendo comigo mesma o mesmo que faço pelo time. Tive muitas oportunidades de desistir de torcer (todo mundo que acompanha a NFL sabe disso), mas não fiz isso. E não vou fazer. Esse é o meu time. Sou torcedora. Eu grito alto em todos os jogos. Continuo torcendo para as coisas darem certo. Crio 'eventos' de acordo com os jogos (convido pessoas para virem à minha casa, etc.) e me divirto com outros torcedores. Bom, agora, sempre que digo 'Sou fã número 1 de mim', lembro que o tratamento que ofereço a mim mesma é imensamente importante e atrai uma energia. Eu quero criar a minha energia."

Em resumo, Aimee fez uma pergunta poderosa a si mesma: *O que aconteceria se eu torcesse por mim com o mesmo entusiasmo que torço para o meu time do coração?*

Por que fazer repetições pela manhã e à noite?

Repetir as afirmações duas vezes é importante porque há dois momentos essenciais no nosso dia: assim que acordamos e logo antes de dormirmos. Um nos lança para o dia, o outro nos lança para os sonhos. Para algumas pessoas, o Novo Hino da manhã teve mais impacto.

Dana Williams, apresentadora de podcast de Sugar Land, no Texas, sentiu-se mais motivada ao repetir este lembrete todas as manhãs: "Levo honestidade, generosidade, risadas e coragem junto comigo." Ela disse: "Essas são as áreas que estou tentando desenvolver. Sempre imagino que coloco essas coisas em uma bolsa imaginária e adoro pensar que elas já estão comigo, que só preciso pegá-las e usá-las." Todos nós somos cuidadosos ao preparar malas de viagem, então por que não usar a mesma abordagem para escolher os sentimentos que levamos conosco?

Nós não sabemos o que acontecerá ao longo do dia, mas sabemos que o volume de trilhas sonoras negativas ficará barulhento pelo menos em algumas ocasiões. Nós ficaremos presos no trânsito. Um colega de trabalho cancelará uma reunião importante. Uma conta inesperada surgirá na caixa de correio. O botão de volume vai girar. Nesses momentos, usamos as técnicas de ajuste do Capítulo 3, porém o processo inteiro será mais fácil se você ajustar o volume no ponto que deseja antes mesmo de sair de casa.

O Novo Hino da manhã é importante. Assim como o da noite.

Jeff Stein, consultor de análise de dados em Spring Hill, no Tennessee, reconheceu os benefícios ao fazer as repetições antes de dormir. "Quando digo meu hino da noite, é tão bom saber que 'deixei muitas coisas divertidas para amanhã', sem me culpar por não ter conseguido fazer tudo."

Você já começou o dia com uma longa lista de tarefas incompletas? Nesses momentos, nos sentimos um fracasso, porque mentalmente analisamos todas as coisas que não foram feitas. Em vez disso, tente escutar uma nova trilha sonora e dizer a si mesmo: "Que dia! A melhor parte é que deixei muitas coisas divertidas para amanhã."

Às vezes, nós esquecemos como a última coisa que fazemos antes de dormir é importante. Lembra aquele sonho esquisito que você teve depois de assistir a uma série sobre um serial

Acordar e deitar para dormir são momentos **ESSENCIAIS.** Um nos lança para o **DIA**, o outro nos lança para os **SONHOS.**

JON ACUFF #soundtracks

killer na Netflix, enquanto estava caindo no sono? Lembra a outra noite, quando você acordou às duas da madrugada e anotou a solução de um problema porque foi dormir pensando nele? Lembra a vez em que você não conseguiu dormir porque teve uma briga inesperada com a pessoa amada logo antes de ir para a cama? Você está concordando com a cabeça, porque todo mundo já teve experiências assim. A última coisa que fazemos no dia nos afeta.

Comparo meu cérebro antes de dormir com um liquidificador. Toda noite, tenho a oportunidade de colocar algumas ideias lá dentro antes de desligar a luz. Elas passam sete horas remoendo lá dentro, e, às vezes – nem sempre, mas às vezes –, acordo de manhã com uma ideia ainda melhor. No mínimo, terei tomado uma atitude para ajustar o volume antes de cair no sono.

Quer experimentar?

Se você quiser controlar o seu peso, precisa se exercitar e mudar sua dieta.

Se você quiser escrever um livro, precisa colocar a bunda na cadeira e se dedicar às palavras.

Se você quiser construir sua empresa, precisa mandar propostas para clientes.

Todas os nossos desejos dependem de nossas ações. Se você quiser aposentar as suas trilhas sonoras negativas e substituí-las por músicas novas que ama, precisa repeti-las. Hoje é a sua chance. Você tem uma cópia do Novo Hino. Não precisa esperar até o primeiro dia de janeiro ou do próximo mês. Você pode começar em uma terça-feira no meio do ano, se quiser.

As instruções são fáceis. Leia o Novo Hino em voz alta para si mesmo diante de um espelho todas as manhãs e todas as noites, por 30 dias seguidos. Acompanhe seu progresso com a tabela na página 202. Riscar os itens de uma lista é a atividade mais divertida que pode ser feita com um lápis, a menos que você seja John Wick.

· Após fazer o experimento algumas vezes, você vai reparar em algo surpreendente: começará a notar trilhas sonoras positivas no seu dia. Momentos bons que você costumava ignorar se tornarão um pouco mais óbvios, um pouco mais nítidos, um pouco mais fáceis de perceber. Reúna todos que conseguir, porque você precisará deles. Provas são a melhor defesa contra uma das maiores armas do hábito de pensar demais: o júri de bolso.

9. Reúna provas

A melhor parte da internet é que você pode contratar seus heróis.

Todo mundo que admiramos está a apenas um tuíte ou postagem de Instagram de distância. Em muitos casos, em plataformas como o Patreon e serviços de coaching on-line, você pode até pagar para receber um conselho de alguém que está um pouquinho mais adiantado na estrada. Foi isso que fiz com James Victore em 2019.

Victore é um diretor de arte vencedor do Emmy, mais conhecido por criar pôsteres e campanhas de marketing provocadoras. Seu trabalho já foi exposto no Museu de Arte Moderna, na Biblioteca do Congresso dos Estados Unidos e em um prediozinho na França chamado Louvre. Ele também é meu mentor a longa distância há anos. Com "longa distância", quero dizer que ele não sabia da minha existência, mas isso nunca me impediu de aprender com ele.

Em 2012, comprei seu livro, *Victore or, Who Died and Made You Boss?* (Victore, ou quem morreu para que você virasse chefe?). Eu o li várias vezes, porém o trecho que mais me marcou foi uma citação do maratonista Steve Prefontaine que Victore estampou na quarta capa em letras enormes. Ela dizia: "Uma pessoa pode até me vencer, mas terá que sangrar para fazer isso."

Essa frase se transformou em uma trilha sonora enquanto eu criava meu blog. Sempre que eu tinha vontade de desistir ou de abandonar o trabalho por um dia, repetia essa frase. Eu voltava para o meu laptop e pensava: "Você pode até ter mais leitores do que eu, mas terá que escrever dois milhões de palavras, porque eu vou escrever um milhão."

Sete anos depois, conforme eu continuava a elaborar minhas trilhas sonoras, fiquei surpreso ao descobrir que Victore oferecia serviços de coaching. Eu seguia @JamesVictore no Instagram, e seu perfil era um *tour de force* de trilhas sonoras positivas. Cada publicação era uma declaração mais entusiasmada do que a outra. Fiquei empolgado com a possibilidade de falar com ele em uma videochamada, mas não sabia se isso seria possível.

As pessoas sempre nos dizem que nunca devemos conhecer nossos heróis, porque eles vão nos decepcionar. Provavelmente foi por isso que não pedi um autógrafo para Allen Iverson no aeroporto de Minneapolis. Cogitei a ideia. Eu o segui por três terminais, tentando tomar coragem, mas acabei desistindo. Ele deve ser um cara legal. Estava usando um boné do Philadelphia 76ers com "Iverson" estampado na parte de trás, então com certeza não estava tentando se esconder. Meu plano era puxar conversa com "Treino, estamos falando de treino?" e pedir para que tirasse uma foto comigo deitado no chão e ele passando por cima de mim, como fez com Tyronn Lue na final da NBA. Parando para pensar, talvez tenha sido melhor eu ter ficado quieto.

Fiquei um pouco nervoso antes de falar com Victore, mas meu desejo de receber ajuda para melhorar o meu hábito de pensar demais era maior do que a minha apreensão, então me inscrevi para uma sessão. Preenchi um formulário no site dele, respondi a algumas perguntas sobre a minha vida e então fiquei esperando o dia do encontro.

Quando ele chegou, eu tinha uma longa lista de ideias que desejava debater. Assim que a sessão começou, já comecei o falatório. Ele ficava tentando me interromper, mas isso só fez com que eu aumentasse a velocidade. Por fim, fiz uma pausa para respirar, e ele levantou as mãos.

– Nossa. Quanta coisa. Você está apavorado.

Isso me paralisou. "Apavorado" não era a palavra que eu usaria para descrever as perguntas que levei para nosso encontro. Eu queria rebater aquele comentário, mas estava tentando uma abordagem diferente quando pedia conselhos para uma pessoa: escutar o que ela tem a me dizer. Palavra por palavra, frase por frase, Victore começou a destrinchar minha lista de ideias. No final da sessão, entendi que ele tinha razão. As questões que levei para nossa conversa não eram sonhos, planos ou ações – eram trilhas sonoras negativas. Elas não eram verdadeiras, úteis nem gentis comigo, e Victore enxergou isso de cara.

Por exemplo, falei para ele que eu jamais seria um bom empreendedor porque meu pai era pastor e não aprendi a gerenciar uma empresa durante a infância. Essa trilha sonora negativa me dizia que, por não ter recebido lições de administração nos meus primeiros 18 anos de vida, como um pai que ensina o filho a limpar uma truta, nada que eu aprendesse nos próximos 50 anos poderia me ajudar.

Uma vez li que, se você não aprende uma língua estrangeira até os 10 anos de idade, fazer isso se torna cada vez mais difícil. Talvez eu acreditasse que o mesmo princípio valesse para ser um pequeno empresário. *Poxa, bem que eu queria que meu pai tivesse deixado eu ter aquela barraca de limonada e declarar imposto de renda no ensino fundamental!* É fácil entender como esse conceito é ridículo quando ele está no papel, mas ouvi tantas vezes essa trilha sonora que acreditava nela com todo o meu coração.

Fiz muitas anotações durante a conversa, e então Victore ficou quieto por um instante.

– Tenho um desafio para você – disse ele, do jeito que apenas um artista seria capaz. – Quero que você comece a repetir um mantra que uso há anos. – Mais uma vez, eu me deparava com uma pessoa bem-sucedida que usava trilhas sonoras positivas para construir a vida que desejava. – Diga para si mesmo: "Tudo sempre dá certo para mim."

Quando ele disse isso, me retraí. Parecia algo tão meloso. Meio falso. Mas Victore não é esse tipo de cara. Ele é mais punk rock do que new age, mais "luta contra o sistema" do que "passeios por campos de flores". Ele é o tipo de cara que anda de moto, nova-iorquino até o último fio de cabelo, determinado. Fazia anos que eu acompanhava a sua carreira, e sabia que ele não estava me oferecendo um clichê insosso para encerrar nossa conversa de um jeito bonito. Ele estava compartilhando uma trilha sonora pessoal que usava na própria vida e que poderia me ajudar também.

E ele não queria que eu dissesse aquilo só uma vez. Ele queria que eu repetisse. Que eu dissesse a frase uma dúzia de vezes, uma centena de vezes, mil vezes, se fosse isso que eu precisava fazer para acreditar nela. Mais do que apenas declamá-la, ele queria que eu buscasse por ela. Que encontrasse exemplos dela. Que a mostrasse para mim mesmo e para outras pessoas.

Ele queria que eu reunisse provas.

Encontre aquilo que você procura

Dizer "Tudo sempre dá certo para mim" parecia falso no começo porque eu não tinha provas de que aquilo era verdade. Eu não havia comprovado aquela afirmação. Pior ainda, o meu júri de bolso me dizia o exato oposto disso.

Júri de bolso é a coleção de trilhas sonoras negativas que julga nossa vida sempre que ousamos sonhar grande. Ele pode ser formado por críticas de pessoas desconhecidas, comentários de amigos, erros e oportunidades perdidas. Com frequência, apresenta milhares de provas de que não somos a pessoa certa para fazer alguma coisa, ao mesmo tempo que é pequeno o suficiente para caber no bolso.

> **Júri de bolso é a coleção de trilhas sonoras negativas que julga nossa vida sempre que ousamos sonhar grande.**

Além de fazer bastante barulho enquanto estamos tentando melhorar a nossa vida, o júri de bolso também é especializado em "recordações pentelhas". São os pensamentos intrusivos que surgem do nada para nos lembrar de um erro cometido quatro anos atrás.

A parte mais irritante do júri de bolso é que seus crimes não prescrevem. Ele apresenta provas da década passada, se elas forem convincentes o suficiente para nos fazer mudar de ideia bem rápido. É por isso que trilhas sonoras novas não duram muito. Pegamos aquela música novinha em folha, fresca, e a mandamos para a guerra contra um júri que se prepara para aquela luta há anos. Então torcemos para a nova trilha dar um jeito de se tornar mais barulhenta do que as outras.

Ter esperança é lindo, mas só ela não basta quando queremos acreditar de verdade em uma nova trilha sonora. É preciso reunir provas daquilo que desejamos concretizar em nossa vida. Não é uma experiência passiva. As provas não nos encontram; nós precisamos encontrá-las. O medo vem de graça. A fé exige dedicação.

Quando você comete um erro, o júri de bolso automaticamente o coloca na pilha de besteiras feitas desde aquela vez no oitavo ano em que você foi acusado de plagiar uma matéria da revista

O MEDO
VEM DE GRAÇA.

A FÉ
EXIGE DEDICAÇÃO.

JON ACUFF #soundtracks

Seleções, um momento que ainda surge na sua cabeça sempre que você escreve um livro. Esse foi um exemplo aleatório e não é algo que me assombra até hoje, sra. Russo.

Reunir provas, assim como todas as ações neste livro, é simples. A forma mais fácil de fazer isso é começar com algo que todas as cidades grandes nos incentivam a fazer: se virmos algo acontecer, devemos contar para alguém.

Esse foi o desafio real que Victore propôs. Se eu visse que algo me beneficiava, precisava reconhecer esse fato e dizer: "Tudo sempre dá certo para mim." Não uma nem duas vezes, mas a quantidade necessária para a nova trilha sonora começar a ser tão automática quanto as antigas.

Se um hotel me deixava fazer o check-in mais cedo em vez de me deixar esperando no saguão por horas, eu dizia "Tudo sempre dá certo para mim" e anotava a experiência no meu caderno.

Quando uma reunião era cancelada, prolongando um projeto que estava me estressando, eu dizia "Tudo sempre dá certo para mim" e fazia um registro no meu caderno.

Quando um amigo nos convidou para passar o Natal em seu apartamento em Nova York, em vez de pagarmos por um hotel caro, adivinha o que eu disse?

Tudo sempre dá certo para mim.

Quanto mais eu repetia a frase e quanto mais escrevia por que ela era verdade, mais fácil se tornou encontrar exemplos disso.

Certa manhã, saímos para assistir à competição de líderes de torcida da qual uma amiga da família participaria. No meio do caminho, recebemos uma mensagem dizendo que a apresentação tinha sido adiada das 9h30 para as 10h50. Normalmente, eu encararia essa notícia como um sinal de que alguém estava tentando acabar com o meu sábado de propósito. Por favor, consulte os últimos 17 exemplos que já dei da minha trilha sonora "As pessoas querem passar a perna em mim". Por que os jurados de uma competição de líderes de torcida de 8 anos queriam dificultar a minha vida? É difícil imaginar a resposta, mas a minha trilha sonora negativa tinha certeza de que algo horrível estava acontecendo.

Porém, dessa vez, não prestei atenção nisso. Havia uma nova trilha sonora no comando que dizia "Tudo sempre dá certo para mim". Eu não sabia como a frase se mostraria verdadeira, mas decidi acreditar nela. Não precisei esperar por muito tempo.

Cinco minutos depois, encontramos uma linda cafeteria perto do ginásio. Dez minutos depois, todos nós estávamos comendo torrada com abacate, como se fôssemos millennials, enquanto matávamos tempo antes da competição. O atraso não foi ruim. Foi apenas um convite inesperado para fazer um brunch com minha esposa e minhas filhas. Por quê? Porque tudo sempre dá certo para mim.

E também não se tratava de uma positividade falsa. Querer ser 100% otimista não faz bem. Como Barbara L. Frederickson, Ph.D., diz: "Ser 100% otimista define e nega o lado humano da vida. Isso significaria fingir que você não enxerga as coisas."[1]

Em suas abrangentes pesquisas sobre positividade, Frederickson descobriu um objetivo mais razoável. "Almeje uma proporção de otimismo de pelo menos três para um. Isso significa que, para cada experiência negativa que acontecer na sua vida, você terá pelo menos três experiências positivas profundas, que melhoram seu humor."[2]

Fiquei fascinado com a abordagem científica de Frederickson sobre um conceito tão tradicionalmente piegas como a positividade. Uma coisa é dizer que "sorrir é o melhor remédio". Mas outra bem diferente é falar: "Selecione três momentos positivos para cada um negativo." Mas é exatamente essa a sugestão que Frederickson faz em seu livro *Positividade: descubra a força das emoções positivas, supere a negatividade e viva plenamente*. Ela escreve: "Essa proporção [de três para um], na minha experiência, é o ponto de virada, prevendo se as pessoas definham ou prosperam."[3]

Eu sabia que seria desnecessário buscar por experiências negativas. O júri de bolso já tinha cuidado disso. Elas me encontrariam por conta própria. Mas e as três positivas? Aí a coisa mudava de figura. Eu precisaria encontrá-las sozinho.

Quando não conseguimos encontrar provas das nossas novas trilhas sonoras, basta procurá-las no mundo ao redor. Por exemplo, tiro prints de erros de digitação nos sites de grandes empresas. Não sou maníaco por gramática. Pessoas desse tipo se estressam por tudo e hoje em dia ficam nervosas por qualquer coisinha. Eu coleciono erros de digitação porque eles são uma prova de que "Manter o ímpeto é complicado". Se uma empresa com 10 redatores, 5 revisores, 3 designers e 2 advogados cometeu um erro em uma publicação, talvez eu seja perdoado se fizer o mesmo. Talvez, em vez de ficar me martirizando por isso da próxima vez, eu possa olhar para os erros das marcas que valem bilhões de dólares, lembrar que manter o ímpeto é complicado e ser um pouco mais gentil.

Os três passos para pegar seu júri de bolso desprevenido

Minhas filhas adolescentes estão cansadas de me ouvir repetir "Tudo sempre dá certo para mim". Se eu encontro uma vaga especialmente boa quando vamos para a partida de lacrosse da minha caçula, pergunto a elas:

– Sabem por que isso aconteceu?

– Porque tudo sempre dá certo para você? – resmungam elas do banco de trás.

– Exatamente! – exclamo, como se tivesse acabado de ganhar na loteria.

Depois de meses reunindo minhas próprias provas e lutando contra meu júri de bolso, eu queria ver se essa abordagem daria certo para outras pessoas. Ela com certeza havia alcançado o status de ideia do hall de entrada, e eu estava pronto para testá-la. Acrescentei o conceito do júri de bolso ao desafio de estabelecer objetivos em 30 dias que eu mentorava na internet, e ensinei algumas pessoas como aplicá-lo.

As etapas eram fáceis. Para vencer um júri de bolso:

1. Escute o que ele diz.
2. Reúna provas sobre o que realmente está acontecendo.
3. Diga a verdade para si mesmo.

A maioria de nós nunca tira tempo para dizer: "Calma lá, o que meu júri de bolso está falando agora?" Ao fazermos isso, costumamos nos surpreender com as trilhas sonoras negativas que tocam. Quando Erin Corbett, uma mãe que dá aula para os filhos em casa, em Akron, Ohio, fez o exercício, acabou com uma lista de três coisas que seu júri de bolso berrava:

1. Não consigo aprender nada do jeito tradicional.
2. Tenho poucas habilidades rentáveis.
3. Minha falta de foco e de hábitos de organização me impedem de lucrar com as habilidades que tenho.

Ela logo reconheceu que seu júri de bolso não estava falando a verdade nem sendo útil ou gentil. "São crenças muito maldosas, porque sei que sou inteligente, mas o júri de bolso me diz que isso não importa, já que tenho dificuldade para usar meu conhecimento na prática."

Erin completou o primeiro passo: escreveu tudo que o júri de bolso dizia. Agora, só precisava de uma oportunidade para reunir provas e contar a verdade para si mesma. Isso aconteceu de forma surpreendente, sob o disfarce de uma geladeira quebrada.

Para vencer um júri de bolso:
1. **Escute o que ele diz.**
2. **Reúna provas sobre o que realmente está acontecendo.**
3. **Diga a verdade para si mesmo.**

Um dia, a geladeira dela resolveu partir dessa para a melhor, como eletrodomésticos gostam de fazer. Uma vez nosso micro-ondas e a lava-louça quebraram na mesmíssima semana. Eu gosto de pensar que eles saíram de férias juntos e foram para a praia, mas os dois provavelmente nem se conhecem, porque vivem pressionados contra a mesma parede e não conseguem fazer contato visual. Chamei alguém para dar uma olhada em dois dias diferentes, porque eu entendo de escrever frases sobre eletrodomésticos, não de consertá-los. Mas Erin resolveu arregaçar as mangas e ver se conseguia dar um jeito na geladeira.

Ela fez uma pesquisa rápida no Google e descobriu o problema. Comprou uma peça de 38 dólares em uma loja que ela não conhecia e passou três dias trocando o relé de partida. (Eu ia recomendar que ela desse uma olhada no relé de partida para ver se esse era o problema, ou, tipo, o negócio de metal que faz a paradinha com a água – sabia que um dos dois era o culpado.)

Isso deveria ser uma vitória que até o júri de bolso comemoraria. Ela consertou a geladeira. Ela salvou o dia. Viva a Erin! Porém, em vez de admitir que fez um ótimo trabalho, seu júri de bolso disse que ela tinha desperdiçado três dias aprendendo coisas desnecessárias. Aquela seria mais uma habilidade inútil, e mais uma prova de que nada do que ela sabia tinha valor.

Mas dessa vez Erin tomou uma atitude. Deu o segundo passo para vencer o júri de bolso e juntou provas que confirmassem suas novas trilhas sonoras. Então ela seguiu para a terceira etapa e anotou todas as verdades para não esquecê-las:

1. É bem provável que eu nunca mais precise trocar o relé de partida de uma geladeira, mas o importante é que consegui fazer isso uma vez.
2. Economizei entre 200 e 1.200 dólares, e isso valeu a pena para mim.
3. Agora eu sei qual é a melhor loja de peças da cidade e que recebo um desconto se pagar em dinheiro.
4. Descobri que preciso de uma chave de fenda fina para mexer naquele espaço minúsculo e desconectar a peça com defeito do mecanismo, porque a fabricante dessa geladeira não queria que ninguém a consertasse.
5. É bom saber que posso comprar comida para colocar na geladeira que voltou a gelar, quando, alguns anos atrás, a mesma situação me faria implorar por convites para jantar na casa da minha mãe ou da minha sogra.

Dá para imaginar Erin bradando todos esses argumentos em um tribunal, enquanto seu júri de bolso fica desnorteado com os golpes dessas novas provas: *É importante porque eu quero que seja. Eu economizei muito dinheiro. Sei de um lugar que vende peças!* Se alguém perguntar "Você conhece uma loja boa para comprar peças de geladeira?", Erin pode fazer que sim cheia de confiança e responder: "Sei de um lugar." *Venci a fabricante que fez essa geladeira achando que eu não teria capacidade de consertá-la. Fiz um progresso financeiro na minha vida e não dependo mais das refeições da minha sogra.* Essa é a revelação mais impactante de todas.

Não sei se Erin gritou os cinco argumentos para a geladeira e então bateu a porta só para dar ênfase, mas devia ter feito isso. Foi ótimo ter economizado dinheiro na sua batalha contra a geladeira, mas esse não foi o verdadeiro ganho que Erin teve com o exercício para conter o hábito de pensar demais. "As lições que posso aprender ao identificar júris de bolso serão inestimáveis se eu prestar atenção nelas e colocá-las em prática."

Chegou a hora de dar um susto no seu júri de bolso também. Ele teve anos de prática. Conseguiu reunir provas negativas por anos. O viés cognitivo colecionou exemplos que reforçam suas trilhas sonoras negativas sem a menor dificuldade, mas esses tempos acabaram.

Nós também temos o fator-surpresa ao nosso lado. Júris de bolso sempre são confiantes demais. Eles acreditam que chegaremos atrasados no tribunal, despreparados e desgrenhados. Faz tanto tempo que eles vencem que a derrota os pega desprevenidos – especialmente quando usamos uma arma secreta: o esforço.

O esforço é a melhor prova

Na sua opinião, qual é o segundo melhor disco de todos os tempos?

O melhor é, sem dúvida, *Live at the Acropolis*, de Yanni, mas há muitos bons argumentos a serem feitos sobre quem ficaria com a medalha de prata. Se você nunca escutou esse álbum, fico triste pelos seus ouvidos e pelo seu coração. Colocá-lo em palavras seria como tentar explicar o som das asas de um beija-flor, ou descrever o hálito de um unicórnio usando apenas cores, mas vou tentar.

Gravado em 1993, no Odeão de Herodes Ático, em Atenas, na Grécia, o espetáculo foi planejado ao longo de 18 meses. Não estamos falando dos Rolling Stones no Madison Square Garden. Yanni (para falar a verdade, não sei se ele tem sobrenome) teve que convencer o comitê arqueológico, o prefeito e os ministros da Cultura e do Turismo muito antes de nos agraciar com uma única nota de sintetizador. Você já se meteu em uma briga com a associação de moradores do seu bairro porque queria pintar sua caixa de correio? Tente fazer um show em um templo da Idade do Bronze. Todos disseram que não daria certo, mas Yanni não escutou os pessimistas.

Ele investiu 2 milhões do seu próprio dinheiro em uma época que sua fortuna era avaliada em 2.050.000 dólares. Faça as contas. A única coisa maior do que o bigode de Yanni era sua vontade de se arriscar. Você acha que ele esfregou esse investimento pessoal na cara dos fãs? Não, não. Apenas nos deu sons inesquecíveis, como "Keys to Imagination", "Until the Last Moment" e "Reflections of Passion".

Teve um ano que eu escutava esse álbum sempre que escrevia. Toda vez que eu ligava o laptop, colocava *Live at the Acropolis* para tocar e era embalado por "Swept Away" (a nona música do setlist). Também dei um jeito de fazer amizade com uma das cantoras do coro de Yanni. Transformei isso em uma oportunidade de sentar rapidamente no ônibus da turnê de Yanni com minha esposa envergonhada. (Yanni não estava lá. Você acha que basta pegar uma bola de basquete para virar amigo do LeBron?) Ainda tenho uma camisa do show de Yanni na minha gaveta. Eu era facilmente a pessoa mais nova naquele lugar por uma diferença de 20 anos.

Meu amor por *Live at the Acropolis* é real e espetacular. Há uma boa chance de você não gostar do álbum. Não tem problema. Cada pessoa tem um gosto musical diferente. Aquilo que me empolga não necessariamente tem o mesmo efeito em você, e vice-versa. O mesmo pode ser dito sobre trilhas sonoras novas.

Não sei quais você vai criar. Use todas as 10 do Novo Hino. Faça um remix com elas ou pegue um papel em branco para construir sua própria playlist. A escolha é sua. Há um milhão de caminhos positivos que você pode seguir. Para mim seria impossível prever todas as suas trilhas novas, mas sei de duas que você escutará. A primeira é: "Aquela história do Yanni foi só uma desculpa para chegar a 'Tome cuidado com esta trilha sonora específica.'" Justo. Aceito esse comentário. Mas fazer o quê? Falar sobre *Live at the Acropolis* é me perder em "One Man's Dream". (Essa é a sexta música, aliás. Como você ainda não foi ouvir esse álbum?)

Conforme nos preparamos para concluir este livro e seguir em novas aventuras, a outra trilha sonora que você ouvirá é a que pergunta: "Quem você acha que é?" Essa declaração clássica do júri de bolso é projetada para garantir que você continue pensando pequeno. *Quem sou eu para liderar esta empresa? Quem sou eu para escrever um livro? Quem sou eu para gerenciar esta equipe de vendas? Quem sou eu para criar filhos? Quem sou eu para ser qualquer coisa além do que já fui?*

Jimmy Akers, uma das pessoas com quem testei o conceito do júri de bolso, ouviu essa pergunta quando decidiu lançar um curso de violão on-line. A beleza da internet é que, se você quiser ensinar alguém a fazer alguma coisa, você pode. As barreiras para entrar no mercado estão menores do que nunca, porque a tecnologia fez saltos exorbitantes. A competição está equilibrada. Porém, o júri de bolso não mudou tanto assim. Ele permanece sendo uma montanha que todos os criadores precisam escalar.

Jimmy, que é pastor em Fort Myers, na Flórida, estava pronto dessa vez. Já tínhamos feito o exercício do júri de bolso. Então, em vez de ouvi-lo de novo, ele reuniu provas e contou a verdade para si mesmo:

1. Passei 22 anos estudando e tocando violão.
2. Tenho quase 15 anos de experiência como professor de violão.
3. Dediquei mais de 100 horas ao preparo das aulas do curso.

Percebeu o que todos os três itens têm em comum? Esforço. Cada uma das provas foi fruto do esforço.

Jimmy passou 22 anos estudando e tocando violão. Ele não pegou num violão agora; ele tem mais de duas décadas de experiência com o instrumento. Então passou 15 anos ensinando outras pessoas. Por fim, investiu mais de 100 horas na criação do curso. Ele não venceu o excesso de pensamentos pensando mais. Ele o venceu tomando atitudes, porque esse sempre é o caminho para a vitória.

Uma trilha sonora que não se baseia em ações é apenas um biscoito da sorte. Ela pode ser contagiante, talvez até inteligente, mas só conquistará alguma coisa quando a colocarmos em prática. Jimmy tinha uma ótima trilha sonora. Ele me disse qual era: "Sei o impacto que esse curso pode causar." É uma frase empolgante e muito positiva. Ela era útil, mas não foi sua única arma contra o júri de bolso. Ele também tinha as provas construídas com esforço.

Uma trilha sonora que não se baseia em ações é apenas um biscoito da sorte: contagiante, inteligente, mas inútil.

Se você se apaixonou por uma nova trilha sonora, fortaleça-a com ações, para ter as provas necessárias caso o júri de bolso resolva se manifestar um dia.

Em 2008, quando comecei a acreditar em "Acho que consigo ser palestrante", eu não tinha provas. Como poderia? Eu só estava começando. Mas sabia que queria que essa trilha sonora continuasse tocando por anos, então me concentrei em fazer esforços. Ainda bem, porque o jeito mais rápido de tornar uma trilha sonora realidade é colocando-a em prática.

Dei palestras em eventos gratuitos. Usei dias de férias do meu emprego corporativo para ir a conferências, pagando do meu bolso. Treinava meus discursos o tempo todo. Eu me tornei uma máquina de conteúdo, escrevendo um milhão de palavras no meu blog. (Eu disse que você teria que sangrar se quisesse me vencer.)

Essa continua sendo a minha abordagem, porque ainda não deslanchei. Travo batalhas com meu júri de bolso sempre que posso. Após 12 anos enérgicos, saí de um palco após uma palestra de 75 minutos em uma conferência de ortodontia em Orlando. A planejadora do evento disse:

– O Seinfeld fez uma palestra no ano passado e você foi mais engraçado do que ele.

Por que ela disse isso? Não foi porque sou mais engraçado que Seinfeld, obviamente. Foi porque conheci um vendedor de Nashville no aeroporto, que ia para o mesmo evento. Resolvi sentar ao seu lado no voo para a Flórida, graças à política de assentos livres da companhia aérea. Passei duas horas interrogando o homem sobre sua empresa, o produto e a cultura dela. E então arrasei no evento com as melhores piadas sobre ortodontia que você já ouviu. Em qualquer outro salão nos Estados Unidos, elas seriam um fracasso, mas foram um sucesso ali. Você acha que Seinfeld fez piadas sobre equipamentos, brocas e o Cavitron 300? É claro que não. Ele não precisava fazer isso. Mas eu, sim, porque a melhor forma de silenciar meu júri de bolso é tomar atitudes corajosas.

Eu sou o cara que usa um par de tênis verde-fluorescentes da Nike enquanto escreve.

Eu sou o cara que anota vitórias e grita: "Tudo sempre dá certo para mim!"

Eu sou o cara que faz tantas perguntas para um vendedor que o avião inteiro achou que eu era estranhamente obcecado por dentes.

Eu sou o cara que vai aposentar as trilhas sonoras negativas, substituí-las por novas e repeti-las até se tornarem tão automáticas quanto as antigas.

E eu também sou o cara que vai ensinar a você uma última forma de fazer todas essas três coisas com a minha ferramenta favorita.

10. Use símbolos para fixar trilhas sonoras

O governo obriga as pessoas a comerem bifes bem-passados no Canadá.

Deviam avisar isso na fronteira, para você refletir bem se quer mesmo entrar no país. Essa foi uma das duas regras que aprendi quando visitei Vancouver, na Colúmbia Britânica.

A outra é que é ilegal usar seu celular no primeiro sinal vermelho em que você para depois de sair do aeroporto. Isso deve ser ilegal em todos os sinais vermelhos, mas foi nesse que me pegaram na blitz de trânsito menos empolgante de todos os tempos.

Fazia cerca de uma hora que eu e minha família estávamos no país. Eu ainda não tinha feito nenhuma piada sobre o sotaque dos canadenses nem qualquer comentário maldoso sobre alces. Nós passaríamos alguns dias de verão em Whistler, passeando, e tudo ia perfeitamente bem. Em um sinal vermelho, peguei meu celular para dar uma olhada em alguns orfanatos que ajudo. Ou para entrar no Twitter. Foi uma dessas duas coisas. Não me lembro.

Um policial veio da calçada e bateu na minha janela. Eu comecei a agradecer a ele por presentear os Estados Unidos com Michael J. Fox e Alanis Morissette, mas não era disso que ele queria falar.

– O senhor não pode usar o celular no carro – declarou ele. – Vou lhe dar uma multa de 300 dólares.

Ah, Canadá.

Eu mereci a multa. Na época, eu não usava o celular só de vez em quando enquanto dirigia – eu usava o tempo todo. Responder a mensagens não é nada. Eu escrevia textos para o blog, registrava ideias para livros, fazia postagens em redes sociais sem me importar com todos os avisos nas placas. Basta dizer que eu não chegaria vivo e que a mensagem não podia esperar. Até fiquei surpreso com a demora da força policial internacional para me capturar.

Demonstrando a bondade canadense, o policial disse:

– A culpa não é sua. A locadora devia ter avisado sobre a lei nova. Quando o senhor devolver o carro, peça que paguem a multa.

Essa parecia uma péssima ideia, mas ele tinha uma arma, então assenti. Ele me deu a única multa que já recebi na vida e me mandou para o norte, rumo às montanhas mais lindas que já vi.

Perdi a viagem toda. Fisicamente, eu estava lá. Andei no teleférico Peak 2 Peak. Fiz trilhas com minha família. Comi um bife bem-passado que tinha gosto de sola de sapato. Mas nada disso interrompeu a barulheira do meu excesso de pensamentos. Assim que o policial me disse para pedir para a locadora pagar a multa, comecei a ensaiar como seria a conversa.

Agente da locadora: O que achou do carro?

Eu: Perfeito. Quase não gasta combustível. A mala é imensa. O cheiro estava melhor do que imaginei. Não podia ter sido melhor. Foi uma mão na roda. Rá-rá!

Agente da locadora: Que bom!

Eu: (lentamente empurrando para o outro lado do balcão a multa amassada que deixei molhada de suor por pensar demais) Só tem uma coisinha.

Agente da locadora: O que é isso?

Eu: Uma multa. O policial Fred queria que você ficasse com ela. Recebi por ter usado o celular enquanto dirigia, mas nós dois achamos que a culpa foi sua por uma série de motivos. Então, se você puder pedir para o dono da empresa pagá-la, seria ótimo.

Agente da locadora: Pessoal, parem um pouquinho de atender aos clientes e venham ouvir o que esse cara acabou de pedir! Conta pra eles. Que engraçado. Você é o norte-americano mais burro que eu já conheci, e os seus bifes são perigosamente crus.

Essa é apenas uma versão da conversa, segundo meu excesso de pensamentos. Cada uma era menos verdadeira, menos útil e menos gentil do que as outras. E como poderia ser diferente? Veja bem, eu não gosto nem de pedir para os caras de uma oficina fazerem o trabalho deles. É claro que eu pensaria demais em uma conversa em que precisaria mandar uma locadora de carros pagar minha multa de trânsito.

– Olha só aquela cachoeira! – falava a minha esposa com um ar encantado enquanto passávamos pela Sea-to-Sky Highway, uma das estradas mais bonitas da América do Norte. – Pare de ficar pensando demais naquela multa. Você pode resolver isso na segunda-feira. Está perdendo o fim de semana inteiro.

– Não estou – respondi. – Você acha que o atendente da locadora me bateria? Nós estamos no lado francês do país? Porque, se estivermos, talvez ele esbofeteie minha cara com uma luva elegante. Os franceses adoram esse tipo de coisa.

Três dias depois, levei o carro de volta para a locadora. Os próximos acontecimentos surpreenderão você. A conversa acabou sendo bem mais simples do que meu excesso de pensamentos dizia.

Um funcionário muito educado me passou o telefone do serviço de atendimento ao consumidor deles, e pronto. A interação toda durou menos de dois minutos. Isso já aconteceu com você? Ficar tão perdido em seus pensamentos que tudo ao redor fica temporariamente invisível? Eu fiz uma cordilheira litorânea inteira desaparecer, vamos ver se você consegue chegar a esse nível.

Quando voltei para os Estados Unidos, consegui esquecer a conversa, mas não o hábito de mexer no celular ao volante. Essa parte do incidente da multa ainda me incomodava. Eu sabia que acabaria sofrendo um acidente de trânsito em algum momento. Apesar de o policial Fred acabar cancelando minha multa canadense meses depois, eu sabia que começaria a receber multas em Nashville se nada mudasse. E, pior ainda, eu estava prestes a começar a ensinar minha filha mais velha a dirigir. Se eu não parasse de usar o celular no carro, seria um tremendo hipócrita sempre que dissesse a ela para não fazer isso.

Eu já tinha tentado parar antes, mas era um hábito difícil de largar. Eu guardava o celular na mala. Eu o jogava para um lugar onde não ficasse ao meu alcance, no banco traseiro. Eu o desligava enquanto dirigia. Nada funcionava. As tentativas duravam alguns dias, mas, depois de um tempo, eu voltava a segurar o celular com uma mão e o volante com a outra.

Então, fiz o que qualquer pessoa sã faria na mesma situação. Fui até o banco e peguei 200 dólares em moedas.

Sem querer, descobri o poder do símbolo

Eu me livrei do hábito de mexer no celular enquanto dirijo com uma ferramenta simples, mas nunca escrevi sobre ela porque é meio esquisita. Porém, durante a fase de pesquisa para este livro, eu me dei conta de que ela não é tão especial assim. Só tinha acontecido de, por acaso, eu me deparar com mais uma forma de repetir uma trilha sonora nova.

Era apenas isso que eu queria. Da mesma forma que comecei a pensar "Consigo ser palestrante", agora eu repetia "Consigo dirigir sem usar o celular". No Capítulo 2, perguntamos "Isso é verdade?" para nossas trilhas sonoras, tentando descobrir se deveríamos aposentá-las. Agora, vamos modificar um pouquinho a questão para encontrar uma nova trilha sonora: "O que eu quero que seja verdade?" Eu queria ser o tipo de cara que não dirige usando o celular. Eu queria ser o tipo de pai que consegue ensinar a filha a dirigir sem se sentir um hipócrita.

Em 2008, quando comecei a aventura das palestras, eu tinha pouquíssimas provas de que conseguiria vencer meu vício no celular. Todas as circunstâncias da minha vida diziam o oposto. Mas não fiquei apenas torcendo para a trilha sonora dar certo – eu a associei a uma ação. E sabia que precisaria de um lembrete; caso contrário, a nova trilha sonora nunca seria fixada. Eu queria algo simples, portátil, pequeno. Depois de pensar um pouco, decidi que seriam moedas.

Anos atrás, em um impulso, comprei uma moeda de prata de 1922 em uma joalheria. Eu a deixava na minha mesa e a virava sempre que me sentia empacado com uma ideia. Gostava da sensação dela nas minhas mãos. Era pesada. Era algo palpável em um mundo em que boa parte do meu trabalho não é. Tuítes, e-mails, videochamadas por Zoom – nada disso tem peso de verdade. Eu também gostava de como ela me conectava a uma era diferente. Ver o "1922" estampado na sua superfície me lembrava que a vida ia além dos desafios de hoje. É muita informação para associar a uma moeda? Sim, eu tenho o hábito de pensar demais. Acho que isso já devia ter ficado claro.

Decidi que, sempre que eu dirigisse sem usar o celular, eu me daria uma moeda de um dólar como um pequeno símbolo do meu sucesso automobilístico. Como eu não tinha moedas de um dólar na gaveta de quinquilharias de casa, onde as moedas surgem do nada, pedi 200 do banco. Elas levaram quase uma semana para chegar do lugar em que o banco guarda dinheiro antigo. Fort Knox, imagino? Em um saloon do Velho Oeste? Não faço ideia.

O atendente do banco não achou nada estranho quando fui pegar o dinheiro – pelo menos não naquela primeira visita. Ele apenas assentiu, como se dissesse "Aqui estão os dobrões que você pediu, seu pirata urbano", e empurrou uma caixinha até o outro lado do balcão. No estacionamento, peguei um rolinho com 25 moedas e o coloquei no porta-copos. Daquele momento em diante, pelas 200 viagens seguintes, pensei no meu celular e nas moedas. Quando eu estacionava na garagem ao voltar para casa, se eu não tivesse usado o celular, deixava uma moeda em um pote de vidro grande que fica na minha mesa.

– Mas o dinheiro já é seu – disse minha esposa um dia, enquanto eu me recompensava com uma moeda por uma viagem bem-sucedida sem o celular.

– Como assim? – perguntei, tão orgulhoso da moeda de um dólar novinha em folha na minha mão.

– Você não está ganhando dinheiro. Você levou seu dinheiro em cédulas para o banco. Trocou por dinheiro de metal. Agora, está tirando moeda por moeda de um rolinho, para um dia colocar em outro rolinho e levá-lo para o banco e transformá-lo de novo em dinheiro de papel – disse ela.

– Parece loucura quando você fala desse jeito, mas não me importo, porque funciona.

Aí está um bom resumo para a minha vida: "Parece loucura, mas não me importo, porque funciona." Com certeza era esse o caso daquela situação. Levei três meses até colocar todas as 200 moedas no pote. No final do experimento, eu não usava mais o celular no carro. A moeda fixou a nova trilha sonora, então fiz o que sempre faço quando me deparo com uma nova forma de vencer. Fiquei curioso.

Uma forma rápida de encontrar uma nova trilha sonora é perguntar a si mesmo: "O que eu quero que seja verdade?"

Por que aquilo deu certo?
Por que a moeda ajudou?
Por que algo tão pequeno fez tanta diferença?
Levei meses para encontrar a resposta, mas, quando encontrei, ela era óbvia demais.
A questão não era a moeda. Ela se transformou em um símbolo. E o símbolo certo pode operar milagres em uma trilha sonora.

Você já está cercado por trilhas sonoras

Demorei 44 anos para aprender aquilo que as maiores marcas do mundo sabem há décadas: símbolos são motivadores poderosos.

Você não acredita em mim? Tudo bem, então por que as pessoas nos Estados Unidos colocam adesivos da Yeti no carro para demonstrar seu jeito favorito de refrigerar as coisas? Você via alguém grudando adesivos de iglus nos carros na década de 1990? Ninguém fazia isso, mas a Yeti encontrou uma forma de transformar seu produto em um símbolo.

Pessoas que nunca falavam sobre coolers antes agora querem se identificar com o símbolo da Yeti. Enquanto fazem churrasco no quintal, elas fazem questão de lhe contar que o cooler delas mantém a carne gelada por 10 dias seguidos.

Realmente, se algum dia você depender da sua capacidade de tirar uma carne de um cooler para comê-la nove dias depois, é bem provável que seu problema seja maior do que esse. Houve um apocalipse, mas você ainda não conseguiu chegar a um local seguro porque seu cooler da Yeti é tão pesado que é impossível movê-lo. Se você tiver algumas armas, pode permanecer na garagem de casa e protegê-lo de invasores, porque ele também é a coisa mais cara que você já comprou. O problema é que os outros sobreviventes saberão que você tem esse cooler, porque há um adesivo dele no seu carro. Na época em que você o grudou lá, parecia uma boa ideia. Como desconhecidos saberiam sobre o seu amor por refrigeração portátil? Agora, infelizmente, esse adesivo é apenas um sinal que atrai andarilhos na devastação apocalíptica.

A Yeti usa adesivos para incentivar consumidores a anunciar seu produto em carros particulares. A Lululemon usa um logotipo para incentivar você a comprar suas calças de academia. A Nike usa um traço para se certificar de que leremos as palavras "Just do it" sem precisarmos visualizá-las. Toda marca de sucesso no mundo leva seus símbolos a sério, porque sabe que eles funcionam.

Símbolos e o significado que associamos a eles são ferramentas poderosas para adotarmos novas trilhas sonoras. As moedas não eram especiais. Elas são pequenas, praticamente inúteis e têm uma cor feia. Quero ver você encontrar uma máquina de venda automática que aceite moedas. Eu já procurei, pode acreditar. Mas nada disso fazia diferença, porque a moeda tinha um significado para mim.

Símbolos e o significado que associamos a eles são ferramentas poderosas para adotarmos novas trilhas sonoras.

A moeda significava que eu estava realizando minha trilha sonora. Significava que eu não receberia outra multa. Significava que eu estava cumprindo a promessa que fiz para minha esposa. Significava que eu estava sendo um bom exemplo para minhas filhas. Comecei a adorar o som das moedas caindo no pote de vidro. Eu gostava de observar meu progresso enquanto enchia o pote. Passei a me oferecer para resolver pendências na rua para minha esposa, porque eu poderia sair de carro e ganhar outra moeda.

Aquilo se tornou uma brincadeira divertida, e, no fim das contas, eu não era o único participante.

Como transformar a linha de chegada em um símbolo

Aqui vai o motivo para "dissertação" compartilhar tantas letras com "deserto". Ambos são lugares solitários, chatos, que aniquilam sonhos. Durante a primeira parte de um mestrado ou doutorado você não se sente tão sozinho. Há mais pessoas envolvidas nos trabalhos do curso. Você tem professores, colegas de turma e uma rede de apoio que o incentiva a seguir em frente.

Porém, quando essa parte acaba, você segue em frente desolado. A dissertação ou a tese pode se arrastar por anos e anos, porque a única pessoa que o motiva a chegar à linha de chegada é você mesmo. E você sabe como fazer isso? Sabe como manter a motivação? Sabe como manter suas prioridades quando o restante da vida fica barulhento demais?

Eram essas as perguntas que Priscilla Hammond encarava em 2014. Depois de terminar as aulas, ela se encontrava no deserto de uma tese. Ela queria que aquilo acabasse. Ela queria terminar o mestrado, mas se sentia solitária e distraída nessa nova parte do trabalho. Um dia, ela assistiu a uma palestra sobre determinação. Não foi apenas uma palestra, mas um convite para ela começar a ouvir uma trilha sonora: "Tenho determinação suficiente para terminar minha tese."

É uma ótima trilha sonora, porém ouvi-la apenas uma vez não daria certo. Quando deixamos que uma única trilha enfrente algo tão apavorante quanto uma dissertação ou uma tese, ela fica em uma desvantagem absoluta.

Para a sorte de Priscilla, o palestrante fez algo inteligente naquele dia. Ele levou um pedaço de fita de linha de chegada para cada participante. Então incentivou todo mundo a escrever nela o objetivo pelo qual estavam perseverando. Priscilla não precisou pensar muito: "Escrevi *dra. Hammond*."

Ela ainda não era doutora. Isso era algo que estava reservado para o futuro, mas ter aquele pedaço de papel aumentou o som da nova trilha sonora. Por dentro, Priscilla dizia para si mesma: "Eu sou perseverante. Eu sou determinada. Eu termino teses." Por fora, ela reforçava isso com a fita da linha de chegada. "Está escrito bem aqui. *Dra. Hammond*. Vai acontecer." Ela não guardou a fita em uma gaveta, porque é mais difícil escutar trilhas sonoras quando elas estão escondidas dentro de um móvel. "Eu a prendi em um lugar visível da minha mesa", contou ela. Aquele era um lembrete diário da sua linha de chegada, uma mensagem na garrafa enviada pelo futuro.

Isso não mudou a quantidade de trabalho que ela precisava fazer. Usar símbolos positivos não significa que você terá que correr menos quilômetros enquanto treina para uma maratona, mas que, talvez, consiga corrê-los. Dois anos depois, Priscilla concluiu o doutorado. "Em 2016, consegui escrever aquilo [dra. Hammond] como um fato, não um sonho", disse ela. Hoje, Priscilla é professora assistente na Carolina do Sul.

A fita era apenas um símbolo, e ele deu certo para a dra.

Hammond. Mas essa história é apenas a ponta do iceberg. Quando comecei a perguntar para as pessoas se elas usavam símbolos, choveram relatos.

Pedras, adesivos e tatuagens

Para todo canto que eu olhava, encontrava pessoas usando símbolos para fixar trilhas sonoras.

Monica Tidyman, diretora de uma biblioteca em Stromsburg, Nebraska, deixa uma pedra sobre sua mesa. "Minhas cunhadas e eu fizemos uma trilha em Fish Creek Falls, em Steamboat Springs, e foi um pouco mais difícil do que imaginávamos. Lá em cima, peguei uma pedra e a trouxe comigo para me lembrar de nunca desistir, porque a beleza no topo vale a pena."

Monica podia ficar torcendo para se lembrar disso. Ela podia ficar torcendo para que, no meio dos milhões de pensamentos que teria todos os anos, esse fosse o mais marcante. Ela podia prometer que "Nunca desista, porque a beleza no topo vale a pena" se tornaria a trilha sonora mais barulhenta nos dias em que mais precisasse. Ou podia pegar uma pedra no topo da montanha e deixá-la na sua mesa como um lembrete.

Erik Peterson, escritor de Rialto, na Califórnia, podia torcer para manter em mente seus objetivos de trabalho, de saúde, como marido e como pai. É uma lista bem longa, mas talvez ele conseguisse se lembrar de tudo. Às vezes, ligo meu celular e esqueço por que fiz isso – é como parar na frente da geladeira sem lembrar por que a abriu –, mas Erik poderia ter uma mente de ferro.

Ou ele poderia encomendar plaquetas de identificação com essas trilhas sonoras gravadas e usá-las em um cordão sob a camisa todos os dias. Adivinhe qual foi a abordagem que mais deu certo.

LaChelle e Darren Hansen, um casal de Linden, em Utah, poderiam tentar permanecer otimistas sempre que recebiam rejeições de agentes literários. Isso faz parte do processo de se tornar escritor. Você é rejeitado por agentes, editoras e desconhecidos em sessões de autógrafo que decidem que 11 dólares é um valor alto demais para sua obra-prima. Os Hansen poderiam tentar encarar as coisas de um jeito "melhor". Ou eles poderiam grudar adesivos coloridos que diziam "Bom trabalho!" e "Fantástico!" em todas as cartas de rejeição e guardá-las em um fichário para se lembrarem de que "rejeição não é fracasso nem o fim de um sonho". "Um dia", me prometeu LaChelle, "vou colocar esse fichário em uma estante, do lado de todos os meus livros publicados".

Pedras são diferentes de fichários, que são diferentes de plaquetas de identificação. Há mil formas diferentes de transformar trilhas sonoras em símbolos, porém aquelas que se mostraram mais eficientes para as pessoas compartilham três características.

Como criar seu próprio símbolo

Se você quiser fixar uma trilha sonora, seu símbolo precisa ser:

1. Simples
2. Pessoal
3. Visível

Pelo menos uma vez por ano, começo um *bullet journal*. Originalmente criado por Ryder Carroll, um designer de produtos digitais do Brooklyn, o método *bullet journal* deveria ser uma forma simples de organizar e planejar sua vida. Em um caderno normal, você pode administrar listas de tarefas, sua agenda, suas finanças, os ciclos da Lua, padrões migratórios de pássaros e uma lista de todos os cachorros em que você fez carinho durante o mês, junto com ilustrações em 3D criadas com canetas japonesas com ponta de feltro que custam mais do que você pagou no seu primeiro carro. Nem importa qual foi o carro, porque com certeza ele foi mais barato que o marcador vermelho-claro feito com cerdas de javalis encontrados apenas na base do monte Fuji.

Algo que começa de um jeito simples acaba se tornando muito complexo, até que você para de usar o caderno. Muitos símbolos também acabam sendo abandonados diante dessa armadilha: a manutenção deles se torna mais trabalhosa do que benéfica. Para evitar que isso aconteça, use símbolos simples. Monica Tidyman pegou uma pedra do chão. Esse é o processo de criação completo para seu símbolo. Se você me dissesse que não tem criatividade suficiente para bolar o seu, eu perguntaria se há pedras perto da sua casa. A resposta provavelmente seria sim. O planeta está coberto por elas. Cada camada de complexidade que acrescentamos a um símbolo é mais uma oportunidade para pensarmos demais e ficarmos empacados. Corte esse mal pela raiz ao preferir a simplicidade.

O símbolo precisa ser pessoal, porque o público-alvo dele é 100% você. Um símbolo que funciona para o seu marido não vai ter o mesmo efeito no seu caso. Ele precisa refletir as *suas* trilhas sonoras específicas, não as de outra pessoa. Garanto que, enquanto lia os exemplos anteriores, você pensou pelo menos uma vez: "Que coisa esquisita, eu nunca faria isso." É claro que não – aqueles são os símbolos de outra pessoa. Pessoalmente, eu não usaria um fichário de rejeições, como LaChelle e Darren. Olhar para todos aqueles nãos me desanimaria. Sou o tipo de pessoa que não sente motivação alguma ao ler avaliações de uma estrela na Amazon. Há quem sinta. Bom para esse pessoal. Esse é o símbolo deles, não o meu.

Se você quiser **fixar** uma trilha sonora, seu **símbolo** precisa ser:

1. **SIMPLES**
2. **PESSOAL**
3. **VISÍVEL**

JON ACUFF #soundtracks

Julie DenOuden, professora de ensino fundamental em Los Angeles, na Califórnia, deixa um saco de feijão-de-lima na sua mesa. Na faculdade, Julie teve uma professora cujo marido pintava feijões-de-lima para os alunos dela. Era uma tarefa tediosa, demorada, mas ele fazia isso porque amava a esposa. Esse símbolo marcou Julie, e ela se deu conta de que não queria se contentar em namorar qualquer pessoa. Ela queria um marido que a apoiasse em tudo – um marido que pintasse feijões-de-lima. Seu pai comprou o saco e, sempre que ela o vê, lembra que existem caras legais por aí. Esse é um exemplo perfeito de um símbolo pessoal.

Por último, o símbolo precisa ser visível, porque o que os olhos não veem, o coração não sente. Se você não conseguir enxergar seu símbolo, ele deixa de ser um símbolo e se torna um souvenir. Tipo aquela camisa engraçada que você comprou na praia da Cidade do Panamá. Ela está em algum armário e foi esquecida no instante em que você chegou em casa e limpou a areia das férias. Você precisa ver o símbolo, especialmente nos lugares em que tende a pensar demais.

April Murphy, professora de música no sudeste de Michigan, usa fotos da sua família como símbolo. "Deixo uma colagem de fotos atrás do meu computador no trabalho, para ver minha família me apoiando. Eu só penso demais quando me sinto isolada." Esse é um símbolo fatal. Ela está atacando uma causa específica do hábito de pensar demais (isolamento) com um símbolo que o combate (as fotos da sua família).

Se você não conseguir enxergar seu símbolo, ele deixa de ser um símbolo e se torna um souvenir.

O seu símbolo deve estar na sua mesa, na sua geladeira, no seu pulso, ou até no seu corpo. Várias pessoas transformam trilhas sonoras em tatuagens para tê-las sempre por perto. Paula Richelle Garcia, uma fotógrafa de Murrieta, na Califórnia, tem a palavra "alegria" tatuada na parte interna do pulso. Ela diz: "[A tatuagem] me lembra que posso escolher como vou responder a tudo na minha vida." Pode até ser uma tatuagem pequena, mas ela sabe que "quanto mais eu praticava interromper meus pensamentos negativos e encontrar algo positivo na situação (algo que pode ser muito difícil no começo), mais fácil ficava".

April Thomas, que se descreveu para mim como "uma tia de Bel Air" – viva *Um maluco no pedaço* –, é bem mais direta ao avaliar sua tatuagem. "Tenho uma tatuagem da 'árvore feliz' do Bob Ross", diz ela. "É algo que me devolve o otimismo quando fico desanimada."

A tatuagem pode ser uma imagem ou uma frase, mas o significado é sempre o mesmo: "Esse símbolo é tão importante que quero me lembrar dele pelo resto da vida." Isso que é visibilidade.

Você sabe por que as pulseiras LIVESTRONG de Lance Armstrong foram um sucesso tão grande? Sabe por que dezenas de milhões de pessoas as usavam? Porque eram simples, pessoais e visíveis. Qualquer um pode colocar uma pulseira – elas não vêm com um manual de instruções. "Então quer dizer que o braço entra neste buraco aqui? Explica de novo, por favor." Elas também tinham um significado importante para as pessoas que as usavam. Se você perguntasse sobre a pulseira, ouvia: "Eu a uso para apoiar pesquisas sobre câncer, porque minha mãe faleceu jovem demais." Nunca ouvi alguém dizer: "Eu simplesmente não gosto do câncer. Não conheço ninguém que tenha ficado doente; simplesmente sou contra doenças em geral. Você já viu meu colar do eczema?"

Elas também eram extremamente visíveis. A Nike poderia

tê-las fabricado na cor cinza-claro. Poderia ter usado um tom que não se destacasse tanto. Mas não foi isso que aconteceu. A decisão de usar aquele amarelo forte foi proposital. E você devia fazer a mesma coisa.

Apenas escolha um

Anos atrás, quando eu e Mike Peasley, Ph.D., fizemos um estudo preliminar para entender se as pessoas lutavam contra o excesso de pensamentos, fiquei surpreso com a quantidade de participantes que não conseguiram concluí-lo. O questionário levava apenas alguns minutos, mas recebi vários e-mails que diziam: "Parei na terceira pergunta. Fiquei pensando demais nas respostas."

Esse deve ser o maior sinal de que você pensa demais: você pensa demais sobre um questionário sobre pensar demais. Entendo como isso acontece e reconheço que também seria fácil pensar demais nesse caso. Você poderia dedicar horas, dias, talvez até semanas, refletindo sobre o símbolo perfeito para sua nova trilha sonora. Ou pode escolher algum desta lista prática que organizei para você e seguir em frente.

Símbolos que você pode usar hoje

1. Um fruto de carvalho, para lembrar a você que coisas grandes sempre começam pequenas.
2. Uma peça de roupa que lhe diga "Vamos lá!". Você não precisa comprar uma capa – a menos que conheça alguém que faça ótimas capas. Mas talvez você tenha uma echarpe que só usa nos dias em que precisa de muita coragem. Tenho uma "calça jeans de palestras" que só uso no palco há 10 anos.
3. Uma bússola para manter você no caminho certo. É fácil encontrá-las em lojas de produtos de acampamento. Ou seja retrô e vá a um antiquário. Se você conseguir encontrar um sextante náutico para lhe incentivar a continuar olhando para o horizonte, ganhará pontos extras.
4. Um microfone. Só entendi que passei 12 anos o utilizando como símbolo depois que fiz este exercício. Eu levo meu próprio microfone nas viagens. Sempre que o tiro da bolsa nos eventos, reforço minha crença de que sou um profissional. É um modelo auricular feito sob medida para mim, que também mostra ao pessoal do som que sei o que estou fazendo. Encontre um equipamento relacionado à sua carreira ou profissão que lhe transmita essa sensação.
5. Uma foto favorita como papel de parede da sua tela de bloqueio ou do computador. Pode ser uma foto de família, como a de April Murphy, ou de um objeto ou lugar inspirador. O rapper Drake tinha uma foto de uma casa dos sonhos na Califórnia que ele queria comprar quando sua carreira decolasse. Essa foto foi o papel de parede

do seu computador por cinco anos antes de ele assinar contrato com uma gravadora. Depois de passar metade de uma década encarando aquela casa, ele finalmente conseguiu comprá-la em 2012.

6. Um quadro com uma citação que você ama. Catorze segundos bastam para encontrar frases motivacionais na internet. Durante a busca, apenas tenha em mente que, se uma frase parece digna de ser berrada por uma garota de 14 anos no TikTok, ela provavelmente não foi proferida por um pintor italiano do século XV como Michelangelo.

7. Pisca-piscas de Natal pendurados sobre a escrivaninha para dar um ar alegre durante o ano inteiro. Coloquei uns no meu escritório, porque percebi que apenas trinta dias de luzinhas por ano não eram suficientes para mim.

8. Um bilhete animador de um amigo. Tenho uma pasta cheia deles ao lado da minha mesa, e os leio de vez em quando.

9. A primeira nota que sua empresa ganhou. Você já se perguntou por que restaurantes e bares fazem isso? É porque o dinheiro é um símbolo que os incentiva a seguir em frente quando as coisas ficam difíceis.

10. Uma caneta que você gosta de usar. Ela não precisa ser cara nem entalhada em marfim. Compro caixas de canetas esferográficas azuis algumas vezes por ano. Elas são baratas, mas, quando as seguro, sinto que é mais fácil escrever boas ideias.

11. Uma planta que você consiga manter viva. Esqueça o fícus. Ele só cresce no Instagram. Tente uma babosa.

Tenho a mesma há 19 anos. Nós a compramos quando casamos, e é um lembrete de que devo sempre cuidar do nosso relacionamento.

12. Um brinquedo da sua infância. Já falei o suficiente sobre conjuntos de LEGO? Tudo bem. No meu escritório, também tenho um carrinho, um boneco do Comandos em Ação e um Wally em miniatura, de *Onde está Wally?*. É mais fácil lembrar que se divertir é importante quando estamos cercados por símbolos.

13. Um isqueiro Zippo. Eu não fumo, mas, na faculdade, dei Zippos entalhados para dois amigos quando nos formamos. Coloquei um trecho de uma letra da banda G. Love & Special Sauce neles, e essa provavelmente foi a primeira e última vez que alguém fez isso em uma loja de presentes especializados do shopping.

14. Uma caneca de uma viagem. O Starbucks faz com que esse símbolo seja absurdamente fácil de colecionar. Quando comecei minha carreira como palestrante, comprava uma em todas as cidades aonde ia, como um lembrete de que eu estava evoluindo.

15. Um ingresso de show ou de cinema, um passe de estação de esqui, uma passagem de avião, ou qualquer pedacinho de papel que lembre você de aventuras passadas e futuras.

16. Uma bijuteria. Não sou o tipo de cara que usa colares com pingente de dente de tubarão, mas gostaria de fazer amizade com alguém assim no futuro. Eu também aceitaria um amigo com pingente de dente de jacaré, se você puder me apresentar. Uma pulseira, um colar, um anel ou brincos são um lembrete fácil para sua vida.

17. Seu número da primeira corrida de 10 quilômetros. Na minha mesa, tenho uma gaveta cheia de medalhas de todas as corridas de que participei, para me inspirar a continuar.
18. Uma concha. O mar sempre me ajuda a lembrar que meus problemas são pequenos em comparação ao Atlântico. Olhar para a concha também é infinitamente mais fácil do que enxergar a costa daqui do meio do Tennessee.
19. Um Grammy. Ainda não ganhei um, porque a academia não reconhece meus audiolivros (por politicagem), mas tenho outras plaquinhas no meu escritório por coisas em que fui bem-sucedido.
20. Um cheque datado para um futuro muito distante. Jim Carrey fez um cheque de 10 milhões de dólares para si mesmo por "serviços de atuação" quando ainda era um comediante desconhecido. Ele o carregou no bolso por anos, na esperança de que um dia iria descontá-lo. Dez anos depois, quando ele recebeu 10 milhões para fazer *Debi & Loide: dois idiotas em apuros*, o símbolo de repente parou de parecer uma besteira.

Aposto que todo mundo é capaz de encontrar um símbolo interessante nessa lista. Agora que já sabemos pelo que procurar, acho que você ficará surpreso ao descobrir que já usava um. De toda forma, fortaleça o poder dele ao torná-lo ainda mais visível. Uma boa forma de fazer isso é compartilhando-o na internet. Publique-o no Instagram com a hashtag #soundtracks e me marque em @JonAcuff para que eu possa torcer por você!

Se você me encontrar por aí, eu lhe darei um dos meus símbolos

Se você ainda não conseguiu pensar em um símbolo, venha conversar comigo um dia. Sou o cara ridiculamente alto no aeroporto. Quando isso acontecer, vou lhe dar meu símbolo mais importante.

Adorei o fato de que as moedas de um dólar me ajudaram a parar de mexer no celular enquanto dirijo, mas não gostava do design delas. Eram muito sem graça. Mais pareciam uma moeda boba de 25 centavos, e não um símbolo que eu queria guardar no bolso. Foi então que me lembrei de uma pergunta que o caixa do banco fez quando fui buscá-las. Ele pareceu surpreso quando pedi moedas de um dólar e perguntou:

– Você quis dizer de 50 centavos?

Fiquei confuso com a pergunta e disse que as de um dólar eram melhores, mas, semanas depois, entendi que ele estava certo. O que eu queria mesmo era as de 50 centavos.

Você já viu essas moedas? Elas são bem grandes e apresentam o busto de John F. Kennedy, uma imagem especial do bicentenário, e algumas têm até prata de verdade. Quando colocamos uma delas na mão, sentimos que seguramos alguma coisa. Quando a viramos, ela brilha que é uma beleza.

Liguei de volta para o banco e encomendei 500.

Eram moedas demais? Provavelmente.

Quando fui buscá-las, todos os caixas se reuniram para ver o esquisitão que tinha voltado atrás de mais moedas. O que ele fazia com tantas? Do que ele sabia?

Quando vieram com a caixa do cofre, fiquei surpreso ao perceber que houve um engano. Quando pedi 500, acharam que eu estava falando de 500 dólares, não de 500 moedas. A caixa tinha mil moedas de 50 centavos. Se você achava que 500 moedas eram muito, devia ter visto a urna metálica de dez quilos que tirei do banco naquele dia. Eu a coloquei na balança quando cheguei em casa. Não é exagero. É matemática.

Comecei a levar moedas de 50 centavos para todo canto. Eu as deixava no meu carro. Eu as deixava na minha mesa. Eu as dava para amigos. Enquanto fazia isso, descobri uma coisa.

Moedas são bem parecidas com um botão de volume. Quando minhas trilhas sonoras negativas ficam barulhentas, é fácil tirar uma moeda do bolso e fazer um ajuste, lembrando a mim mesmo que não preciso mais ouvir aquela música alta. Elas até parecem disquinhos de platina sob a luz certa. E, se eu precisar bolar uma trilha sonora, posso usar o método que aprendemos no Capítulo 6 e virá-las. Era um símbolo. Era um botão de volume. Era um disco. Era exatamente disso que eu precisava para permanecer conectado a novas trilhas sonoras, e só custou 50 centavos.

Essa é a melhor parte. Você não precisa pedir mil moedas. Se você quiser, o banco lhe dará uma. E, se você perdê-la, adivinhe só: você perdeu 50 centavos. Posso até lhe dar a primeira. Sou generoso nesse nível. Se você me encontrar em uma cafeteria, farei isso. Confie em mim, eu tenho moedas DE SOBRA.

Admito que mil moedas foram um exagero. Eu não precisava de tantas. Mas fico feliz por ter dedicado tanto tempo às minhas trilhas sonoras, porque, 12 anos depois daquele primeiro contato com o planejador de eventos, ele veio falar comigo de novo. E, dessa vez, minha resposta exigiria tudo que aprendi sobre meu hábito de pensar demais.

Conclusão

Fico feliz por ele não ter mencionado Dolly Parton na mensagem, ou eu teria feito xixi na calça no meio da cafeteria. Mesmo sem me dizer quem seria a atração principal, o convite era incrível.

– Você quer fazer uma apresentação de comédia no Ryman para nosso evento de caridade?

Se você nunca esteve em Nashville ou não acompanha música country, talvez não tenha ouvido falar do Ryman Auditorium. Ele é carinhosamente chamado de a Igreja-Mãe da Música Country. É o antigo lar do Grand Ole Opry e uma das casas de espetáculos mais icônicas dos Estados Unidos. Desde Hank Williams a Johnny Cash, Houdini a Bob Hope, todo mundo já se apresentou no Ryman desde que suas portas foram abertas, em 1892. (Originalmente, era uma instituição religiosa, a Union Gospel Tabernacle, antes de se tornar conhecido como o Carnegie Hall sulista.) É um lugar onde todo músico sonha em tocar pelo menos uma vez na vida e que entrou na minha lista desde que nos mudamos para Nashville, em 2010.

Fiquei empolgado com a proposta, mas um pouco intimidado. No mundo corporativo das palestras, sou conhecido pelo meu humor. Esse é o meu nicho, mas não sou nem de perto um comediante. Quando me apresento para uma empresa, o humor costuma pegar a plateia de surpresa, porque o cara que falou antes de mim palestrou sobre os pormenores de hipotecas de taxas variáveis. É mais fácil ser engraçado nesse contexto. No Ryman, eu subiria ao palco para apresentar um show de comédia, para uma plateia que esperava assistir a um comediante.

Esse evento estava em outro patamar. Além do mais, eu queria honrar meu sobrenome. Roy Acuff, que era primo em primeiro grau do meu avô, ajudou a fundar o Grand Ole Opry. Ele foi conhecido como o rei da música country e aparece bastante na série documental da PBS que Ken Burns produziu sobre o gênero. Existe até uma estátua de Roy com Minnie Pearl no saguão do Ryman.

Eu já estava me sentindo muito pressionado, e então me contaram que Dolly Parton seria a atração principal. Eu abriria para Dolly Parton no Ryman. Dolly é um ícone dos Estados Unidos. Ela tem seu próprio parque temático, chamado Dollywood; ela compôs a clássica "I Will Always Love You" e doou 130 milhões de livros para crianças em situação vulnerável por meio do seu projeto Imagination Library. Parecia uma oportunidade única, e eu não queria estragar tudo.

Na noite do evento, fiquei andando de um lado para o outro do corredor, como um animal enjaulado. Comediantes não ganham camarins, então esperei ao lado do palco por cinco horas seguidas até chegar o momento dos meus dois segmentos de dez minutos. Cantores famosos vinham até mim e diziam:

– Você é o comediante? Divirta-se.

Todos eles já tinham se apresentado no Ryman uma dezena de vezes e pareciam completamente despreocupados. O meu foco era não manchar meu paletó de tanto suar de nervosismo.

Quando conheci Dolly – ou acho que eu poderia dizer "quando me tornei o melhor amigo de Dolly" –, ela foi extremamente gentil. Contei a ela que eu era parente de Roy Acuff, e ela ficou encantada.

– Ah! Ele era o rei!

Agradeci pela oportunidade e tentei não pingar suor em cima dela enquanto tirávamos uma foto.

Parado ao lado da mesa de som, esperando minha deixa, senti que percorri um caminho enorme desde aquele primeiro convite para dar uma palestra, em 2008. Não apenas 12 anos tinham se passado, mas tanta coisa havia mudado. Eu morava em Nashville agora, não em Atlanta. Tinha duas filhas adolescentes em vez de meninas pequenas. Tinha escrito seis livros em vez de nenhum. Mas uma coisa permanecia igual.

Eu continuava escutando a mesma trilha sonora que havia sido o pontapé inicial anos atrás: "Acho que consigo ser palestrante." Eu continuava desligando trilhas sonoras negativas conforme elas apareciam. Eu continuava usando símbolos como moedas e tênis verde-fluorescentes para fixar novas trilhas sonoras. Eu continuava usando minha calça jeans de palestras.

Sem perceber, fazia 12 anos que eu aposentava, substituía e repetia.

Apesar de eu estar obviamente nervoso, o excesso de pensamentos não me dominava mais. Ele não atrapalhava meus sonhos, como fazia antes. Eu via 2.300 pessoas sentadas lá fora, esperando o momento em que eu surgiria no palco, e eu sabia que iria arrasar. Minhas piadas de dentista não teriam o sucesso que tiveram em Orlando, mas eu tinha algumas novas sobre Dolly Parton que seriam hilárias.

Depois do evento, um amigo me fez uma pergunta interessante:

– Você algum dia imaginou que estaria no Ryman abrindo um show da Dolly Parton?

Ri e dei de ombros, mas a ficha caiu quando eu estava no carro, voltando para casa.

Eu imaginei que estaria no Ryman abrindo um show da Dolly Parton?

Imaginei. Eu imaginei isso.

Na verdade, no começo, a única coisa que eu tinha era a imaginação. A cada passo, eu recorria a ela. *Acho que consigo ser*

Sabe o que acontece quando escutamos **trilhas sonoras novas?** Dedicamos mais **tempo, criatividade** e **produtividade** aos nossos **sonhos.**

JON ACUFF #soundtracks

palestrante. Acho que consigo ser escritor. Acho que consigo abrir uma empresa.

Seria impossível prever Dolly Parton ou o Ryman quando ouvi minha nova trilha sonora pela primeira vez, mas eu imaginava que seria capaz de me apresentar em eventos como aquele.

E acho que você também é, porque você pensa demais. Você está desperdiçando a fonte mais inutilizada do mundo. Pensar demais suga nosso tempo, nossa criatividade e nossa produtividade ao nos forçar a ouvir trilhas sonoras negativas. Sabe o que acontece quando escutamos trilhas novas? Dedicamos mais tempo, criatividade e produtividade aos nossos sonhos. E não é pouca coisa.

O que você vai fazer com as suas?

Mal posso esperar para descobrir.

Talvez você demore 12 anos. Talvez demore 12 meses. Talvez demore 12 dias. Não sei ao certo, mas sei que, em algum momento, vamos nos encontrar em algum evento, no supermercado ou na internet. E você vai me contar sobre as suas técnicas de ajuste, seus símbolos e as trilhas sonoras negativas que parou de escutar. Então vai me contar sobre todas as músicas novas que passaram a ocupar sua vida.

As minhas me disseram que eu seria capaz de me tornar palestrante.

Elas começavam com "Acho que consigo...".

Não importa se o seu objetivo for construir um hotel, ser promovido de recepcionista a presidente da empresa, entrar em forma ou ir atrás de um sonho que nem consigo imaginar agora; quando você me contar sobre ele, minha reação será a mesma.

Acho que você é capaz, agora que sabe como usar o poder secreto do hábito de pensar demais.

O desafio do Novo Hino

Durante um mês, faça três coisas todos os dias: 1. Leia o hino da manhã. 2. Leia o hino da noite. 3. Tome uma atitude para conquistar um objetivo da sua escolha. Após cumprir as tarefas, preencha o quadro abaixo. Prepare-se para um mês muito animado!

Eu, _____, **vou** _____.

1	2	3	4	5
○ Manhã ○ Tarde ○ Atitude	○ Manhã ○ Tarde ○ Atitude	○ Manhã ○ Tarde ○ Atitude	○ Manhã ○ Tarde ○ Atitude	○ Manhã ○ Tarde ○ Atitude
6	**7**	**8**	**9**	**10**
○ Manhã ○ Tarde ○ Atitude	○ Manhã ○ Tarde ○ Atitude	○ Manhã ○ Tarde ○ Atitude	○ Manhã ○ Tarde ○ Atitude	○ Manhã ○ Tarde ○ Atitude
11	**12**	**13**	**14**	**15**
○ Manhã ○ Tarde ○ Atitude	○ Manhã ○ Tarde ○ Atitude	○ Manhã ○ Tarde ○ Atitude	○ Manhã ○ Tarde ○ Atitude	○ Manhã ○ Tarde ○ Atitude
16	**17**	**18**	**19**	**20**
○ Manhã ○ Tarde ○ Atitude	○ Manhã ○ Tarde ○ Atitude	○ Manhã ○ Tarde ○ Atitude	○ Manhã ○ Tarde ○ Atitude	○ Manhã ○ Tarde ○ Atitude
21	**22**	**23**	**24**	**25**
○ Manhã ○ Tarde ○ Atitude	○ Manhã ○ Tarde ○ Atitude	○ Manhã ○ Tarde ○ Atitude	○ Manhã ○ Tarde ○ Atitude	○ Manhã ○ Tarde ○ Atitude
26	**27**	**28**	**29**	**30**
○ Manhã ○ Tarde ○ Atitude	○ Manhã ○ Tarde ○ Atitude	○ Manhã ○ Tarde ○ Atitude	○ Manhã ○ Tarde ○ Atitude	○ Manhã ○ Tarde ○ Atitude

Agradecimentos

Ótimos livros exigem ótimas equipes, e eu nunca teria terminado este sem as pessoas maravilhosas a seguir.

Jenny, obrigado por nunca deixar que eu pensasse demais sobre este livro. Eu tentei – ah, como eu tentei –, mas você foi uma companheira fiel e criativa em todas as etapas pelo caminho. L.E. e McRae, a melhor parte de abrir o show de Dolly Parton no Ryman não foi estar no palco. Foi quando a noite acabou e pude encontrar minhas filhas na plateia. Adoro ser pai de vocês. Amo vocês! Mamãe e papai, sempre que conversamos vocês dizem o quanto me amam e como se orgulham de mim. Obrigado por me mostrarem como é amar a vida. Jon e Laura Calbert, escrevi metade deste livro na casa de vocês! Duvido que haja sogros mais generosos do que os meus.

Ashley Holland, não acredito que já faz seis anos que trabalhamos juntos. Todas as pessoas que a conhecem sabem que você é o cérebro de verdade por trás da Acuff Ideas. MC Tanksley, você trabalhou incansavelmente para encontrar as melhores histórias para este livro. Bryan Allain, 12 anos de amizade com você parecem 12 minutos.

Um grande obrigado à equipe inteira da Baker. Foi um prazer imenso trabalhar com vocês, e mal posso esperar pelo próximo livro que faremos juntos. Brian Vos, obrigado por alongar meus músculos de escritor. Você está presente neste livro inteiro, e fico muito feliz por passar pelo processo editorial ao seu lado. Mark Rice, obrigado por me mostrar como empolgar uma plateia, e não apenas vender um livro. Amy Nemecek, os detalhes são a alma de um livro, e você garantiu que os meus estivessem perfeitos! Patti Brinks e equipe da Faceout Studio, vocês criaram minha capa favorita de todos os livros que já escrevi. E fizeram isso na primeira rodada de designs! Dwight Baker, Eileen Hanson, Brianna DeWitt, William Overbeeke, Nathan Henrion e toda a equipe de vendas da Baker: planejar este livro com vocês em Grand Rapids pareceu o começo de uma aventura, e estou ansioso pela próxima. Mike Salisbury e Curtis Yates, obrigado por guiarem minha carreira nos últimos oito anos. As suas opiniões, especialmente durante o processo de propostas, foram inestimáveis.

Mike Peasley, Ph.D., sua pesquisa transformou ideias divertidas em informações reais, que oferecem esperança real. Obrigado por ceder seu conhecimento. Justin Johnson, Rob Sentell e Kevin Queen, nossas corridas matinais de sábado ajudaram a moldar este livro de formas que eu não esperava. Ben Fleming, este livro não teria acontecido sem as longas caminhadas pelo bairro ao seu lado, analisando trilhas sonoras. James Victore, Tom Ziglar, Patsy Clairmont e David Thomas, cada um de vocês se doou com muita generosidade a este projeto, e estou ansioso para retribuir o favor. Todo mundo do grupo SeptemberJanuary, obrigado por testar estas ideias e compartilhar suas histórias. As suas palavras estão em dezenas destas páginas.

Por último, mas não menos importante, Yanni.

Notas

1. Acho que consigo fazer isso

1 STEPHENS-DAVIDOWITZ, Seth. "The Songs That Bind". *The New York Times*, 10 de fevereiro de 2018. https://www.nytimes.com/2018/02/10/opinion/sunday/favorite-songs.html.
2 GOGGINS, David. *Can't Hurt Me: Master Your Mind and Defy the Odds*. Lioncrest Publishing, 2019, p. 352.
3 BENVENISTE, Alexis. "This Is How Much Money Mariah Carey's 'All I Want For Christmas Is You' Is Raking In". *CNN Business*, 17 de dezembro de 2019. https://www.cnn.com/2019/12/17/media/mariah-carey-christmas-money-trnd/index.html.
4 TIERNEY, John; BAUMEISTER, Roy F. *The Power of Bad: How the Negativity Effect Rules Us and How We Can Rule It*. Nova York: Penguin Press, 2019, p. 7.
5 GLADWELL, Malcolm. "Free Brian Williams". *Revisionist History* (podcast), 7 de junho de 2018, áudio em MP3, 21:00. Acesso em: 31 de março de 2020. https://podcasts.apple.com/us/podcast/revisionist-history/id1119389968?i=1000413184954.
6 NEISSER, Ulric; HARSCH, Nicole. "Phantom Flashbulbs: False Recollections of Hearing the News about *Challenger*". In: WINOGRAD, Eugene; NEISSER, Ulric (Ed.). *Affect and Accuracy in Recall: Studies of "Flashbulb" Memories*. Cambridge University Press, 1992, p. 9–31; citado em GLADWELL, "Free Brian Williams".
7 VITELLI, Romeo. "Remembering 9/11". *Psychology Today*, 23 de março de 2015. https://www.psychologytoday.com/us/blog/media-spotlight/201503/remembering-911.
8 JIANG, Jia. *Sem medo de rejeição: como superei o medo de ouvir um "não" e me tornei mais confiante*. Benvirá, 2021.

9   LEAF, Caroline. *Switch On Your Brain: The Key to Peak Happiness, Thinking, and Health*. Grand Rapids: Baker Books, 2018, p. 24.

2. A escolha é sua

1   KAHNEMAN, Daniel. *Rápido e devagar: duas formas de pensar*. Objetiva, 2012.
2   Ibid.
3   Ibid.
4   GELB, Michael. *Aprenda a pensar com Leonardo Da Vinci: sete passos para o sucesso no seu dia a dia*. Ática, 2000.
5   FREDRICKSON, Barbara L., Ph.D. *Positividade: descubra a força das emoções positivas, supere a negatividade e viva plenamente*. Rocco, 2009.
6   KABAT-ZINN, Jon. *Aonde quer que você vá, é você que está lá: um guia prático para cultivar a atenção plena na vida diária*. Sextante, 2020.
7   "Re:Work". Google. Acesso em: 31 de março de 2020. https://rework.withgoogle.com/print/guides/5721312655835136/.
8   DUHIGG, Charles. "What Google Learned from Its Quest to Build the Perfect Team". *The New York Times*, 25 de fevereiro de 2016. https://www.nytimes.com/2016/02/28/magazine/what-google-learned-from-its-quest-to-build-the-perfect-team.html?smid=pl-share.
9   EDMONDSON, Amy. "Psychological Safety and Learning Behavior in Work Teams". *Administrative Science Quarterly* 44, nº 2 (1999): 350–83, doi:10.2307/2666999.
10 KABAT-ZINN, Jon. "Mindfulness-Based Interventions in Context: Past, Present, and Future". *Clinical Psychology: Science and Practice* 10, nº 2 (2003): 144–56, https://doi.org/10.1093/clipsy.bpg016.
11 BENSON, Herbert. *A resposta do relaxamento: para se livrar do estresse e da hipertensão*. BestSeller, 1995.

4. Copie os melhores

1   *The Tonight Show with Jimmy Fallon*. "Dave Chappelle Describes His First Encounter with Kanye West", vídeo do YouTube, 6:30, 14 de junho de 2014. https://www.youtube.com/watch?v=R4SYIfhzMmU.
2   KASTOR, Deena; HAMILTON, Michelle. *Let Your Mind Run: A Memoir of Thinking My Way to Victory*. Nova York: Three Rivers Press, 2019, contracapa.

3   KUZMA, Cindy. "7 Things We Learned about Marathon Record-Holder Deena Kastor". *aSweatLife*, 15 de outubro de 2019. https://asweatlife.com/2015/08/7-things-we-learned-about-marathon-record-holder-deena-kastor/.
4   Crispin Porter Bogusky Employee Handbook. https://www.cpbgroup.com/cpb-handbook-2018-12-12.pdf, p. 8.

6. Não brigue, vire o disco

1   MACKENZIE, Gordon. *Orbiting the Giant Hairball: A Corporate Fool's Guide to Surviving with Grace*. Nova York: Viking, 1998, p. 151.
2   "Tom Hardy: Bane Quotes". *The Dark Knight Rises*, IMDB. Acesso em: 31 de março de 2020. https://www.imdb.com/title/tt1345836/characters/nm0362766.

7. O caminho de Zig para o pensamento positivo

1   KOPPELMAN, Brian. "Seth Godin 1/1/19". *The Moment with Brian Koppelman* (podcast), 1º de janeiro de 2019, 50:28. https://podcasts.apple.com/us/podcast/the-moment-with-brian-koppelman/id814550071?i=1000426814291.
2   "What Seth Godin Said about *See You at the Top* by Zig Ziglar". *This Is Broken* (blog). Acesso em: 31 de março de 2020. https://www.thisisbroken.co.uk/books/see-you-at-the-top.
3   CHABRIS, Christopher F.; SIMONS, Daniel J. *O gorila invisível: e outros equívocos da intuição*. Rocco, 2011.
4   Ibid.
5   Tom Ziglar, conversa pessoal com o autor, 10 de dezembro de 2019.

9. Reúna provas

1   FREDRICKSON, Barbara L., Ph.D. *Positividade: descubra a força das emoções positivas, supere a negatividade e viva plenamente*. Rocco, 2009.
2   Ibid.
3   Ibid.

CONHEÇA ALGUNS DESTAQUES DE NOSSO CATÁLOGO

- Augusto Cury: Você é insubstituível (2,8 milhões de livros vendidos), Nunca desista de seus sonhos (2,7 milhões de livros vendidos) e O médico da emoção
- Dale Carnegie: Como fazer amigos e influenciar pessoas (16 milhões de livros vendidos) e Como evitar preocupações e começar a viver
- Brené Brown: A coragem de ser imperfeito – Como aceitar a própria vulnerabilidade e vencer a vergonha (600 mil livros vendidos)
- T. Harv Eker: Os segredos da mente milionária (2 milhões de livros vendidos)
- Gustavo Cerbasi: Casais inteligentes enriquecem juntos (1,2 milhão de livros vendidos) e Como organizar sua vida financeira
- Greg McKeown: Essencialismo – A disciplinada busca por menos (400 mil livros vendidos) e Sem esforço – Torne mais fácil o que é mais importante
- Haemin Sunim: As coisas que você só vê quando desacelera (450 mil livros vendidos) e Amor pelas coisas imperfeitas
- Ana Claudia Quintana Arantes: A morte é um dia que vale a pena viver (400 mil livros vendidos) e Pra vida toda valer a pena viver
- Ichiro Kishimi e Fumitake Koga: A coragem de não agradar – Como se libertar da opinião dos outros (200 mil livros vendidos)
- Simon Sinek: Comece pelo porquê (200 mil livros vendidos) e O jogo infinito
- Robert B. Cialdini: As armas da persuasão (350 mil livros vendidos)
- Eckhart Tolle: O poder do agora (1,2 milhão de livros vendidos)
- Edith Eva Eger: A bailarina de Auschwitz (600 mil livros vendidos)
- Cristina Núñez Pereira e Rafael R. Valcárcel: Emocionário – Um guia lúdico para lidar com as emoções (800 mil livros vendidos)
- Nizan Guanaes e Arthur Guerra: Você aguenta ser feliz? – Como cuidar da saúde mental e física para ter qualidade de vida
- Suhas Kshirsagar: Mude seus horários, mude sua vida – Como usar o relógio biológico para perder peso, reduzir o estresse e ter mais saúde e energia

sextante.com.br